우리 모두
메타버스
크리에이터

온은주, 김현희 지음

YoungJin.com Y.
영진닷컴

우리 모두 메타버스 크리에이터

ISBN 978-89-314-6618-8

독자님의 의견을 받습니다.

이 책을 구입한 독자님은 영진닷컴의 가장 중요한 비평가이자 조언가입니다. 저희 책의 장점과 문제점이 무엇인지, 어떤 책이 출판되기를 바라는지, 책을 더욱 알차게 꾸밀 수 있는 아이디어가 있으면 팩스나 이메일, 또는 우편으로 연락 주시기 바랍니다. 의견을 주실 때에는 책 제목 및 독자님의 성함과 연락처(전화번호나 이메일)를 꼭 남겨 주시기 바랍니다. 독자님의 의견에 대해 바로 답변을 드리고, 또 독자님의 의견을 다음 책에 충분히 반영하도록 늘 노력하겠습니다.

이메일 | support@youngjin.com

주소 | (우)08507 서울시 금천구 가산디지털1로 128 STX-V타워 4층 401호 (주)영진닷컴 기획1팀

https://www.youngjin.com/

파본이나 잘못된 도서는 구입하신 곳에서 교환해 드립니다.

STAFF

저자 김현희, 온은주 | **총괄** 김태경 | **진행** 김연희 | **디자인ㆍ편집** 강민정 |

영업 박준용, 임용수, 김도현 | **마케팅** 이승희, 김근주, 조민영, 채승희, 김민지, 임해나, 김도연, 이다은

제작 황장협 | **인쇄** 예림인쇄

우리 모두 메타버스 크리에이터가 될 수 있어요!

모든 것이 빠르게 변화하는 동시에 코로나19로 변수를 통제하기 힘든 요즘은 100m 달리기 속도로 42.195km 마라톤을 준비해야 하는 상황입니다. 독자님들은 오늘도 메타버스 열풍 소식에 뒤쳐지지 말아야겠다는 생각으로 메타버스 관련 자료를 읽고 영상을 찾아봅니다. 제페토, 이프랜드, 게더타운, 로블록스까지 처음 들어보는 앱을 다운로드받아 들어간 메타버스에서 처음엔 뭘 해야 할지 난감합니다. 어색하게 아바타를 움직여 메타버스 세계를 방문하면 다양한 신세계를 마주하게 됩니다. 여기저기 돌아다니다 보면 '메타버스에 내 집, 내 건물을 하나 만들어 보면 어떨까?'하는 생각이 듭니다. 나만의 메타버스 사무실을 만든다고 가정해 보세요. 현실세계처럼 책상과 의자가 있고 노트북이 놓여 있습니다. 현실세계에 없는 특별한 물건과 공간까지 더해요. 24시간 365일 언제 어디서나 접속이 가능한 나만의 사무실이 완성됩니다. 현실세계에서 건물주가 되기는 힘들지만 가상세계에서는 여러 개의 건물을 소유한 건물주가 될 수 있습니다. 상상만으로도 입가에 미소가 지어지지 않나요?

하지만 호기심이 구체화되는 과정에서 어려움에 부딪힙니다. 디자이너도, 개발자도 아닌 내가 메타버스에 공간을 짓는 게 가능할지, 벽돌 하나 쌓을 수 있을지 막막합니다. 메타버스 사무실을 만들려면 돈이 많이 들까? 공간은 어디에 마련해야 할까? 디자인도, 개발도 모르는 나와 같은 사람도 가능할까? 이런저런 생각들이 마구 떠오르실 거예요.

여기에는 메타버스 건물주가 되는 노하우가 실려 있습니다. 나만의 메타버스 공간을 만들고 싶은데 어디서, 어떻게 시작해야 할지 막막한 분들을 위해서 이 책을 쓰게 되었습니다. 대표적인 메타버스 서비스인 '제페토'에서 시작하는 방법을 소개합니다. '제페토 빌드잇'을 검색하고 PC에서 무료로 다운로드받으면 이미 반은 성공입니다. '제페토 빌드잇'은 누구나 쉽게 사용하도록 만들어진 메타버스 월드 크리에이션 에디터 저작 도구입니다. 누구나 간단하게 나만의 공간을 내가 원하는 크기와 인테리어로 꾸밀 수 있습니다. 디자인이나 개발을 몰라도 가능합니다. 소개된 실습을 하나씩 차근차근 따라 하다 보면 어느새 뚝딱 나만의 메타버스 월드를 만들 수 있을 거예요!

2022년 5월
김현희, 온은주

목차

1부

메타버스
크리에이터란
무엇일까

여기 새롭게 탄생한 새로운 직업이 있습니다.
이름은 메타버스 크리에이터!
메타버스에서 창작 활동을 하는 모든 사람들을 의미합니다.

이 장에서는 메타버스를 크리에이터의 관점에서
어떻게 바라봐야 하는지
첫 시작을 안내합니다.

Z 앨리스가 도착한 곳이 바로 메타버스

시계를 쳐다보다 말다, 시간이 없다며 바삐 뛰어가는 토끼를 따라 토끼 굴에 빠진 앨리스의 이야기는 잘 알고 계시죠? 앨리스가 아래로 아래로 떨어져 도착한 이상한 나라는 지금 보니 '메타버스'가 아니었을까요? 앨리스가 이상한 나라에 도착했던 것처럼 아래로 신나게 떨어진 아바타를 따라가면 제페토 월드로 입장할 수 있어요. 제페토 월드에 여유롭게 착지한 아바타는 스마트폰 너머에서 나를 빤히 바라보고 있어요. 지금 당장 월드로 구석구석 돌아다녀 보라고 하는 것 같아요.

※ 출처 제페토 홈페이지

　메타버스, 월드, 아바타 그리고 제페토! 이런 단어들이 낯설게 느껴지나요? 걱정 마세요. 다른 사람들도 메타버스가 익숙하지 않답니다. 어떤 이는 처음이라 어색한 마음으로, 어떤 사람은 자신 있게 '예전에 해본 것들이라 내가 잘 알지' 하면서 메타버스에 입장합니다. 그런데 막상 써보면 완전히 다른 세계라서 한 번 놀라고 기능이 많아서 한 번 더 놀라워합니다. 십 년이면 강산이 변하고 요즘 같은 시대에는 몇 달 사이에 도시도 변해요. 어느 신도시보다 빠르게 건물이 올라가는 메타버스 월드가 모두에게 낯설지 않을 수 없는 상황입니다. 메타버스는 봄, 여름, 가을, 겨울의 변화보다 빠르게 시간의 흐름을 타고 변화하고 있어요.

메타버스라는 이 낯설고도 특별한 여행지는 차근차근 알아가는 과정이 필요합니다. 메타버스가 처음이라 입구를 헤매는 당신을 위해 저는 앨리스를 신세계로 이끄는 안내자였던 '시계토끼'와 같은 역할을 할 거예요. 이 책은 환상적인 메타버스 여행이 되도록 돕는 메타버스 투어 가이드북입니다.

☑ 메타버스 뜻은 해석이 필요해

저는 메타버스 체험 워크숍을 공개 과정으로 열었습니다. 이후 곳곳에서 '메타버스가 무엇인가요?'라는 문의가 쇄도했습니다. 메타버스 뜻은 초월을 의미하는 '메타'와 세계를 뜻하는 '유니버스'의 합성어입니다. 뉴스 기사에서는 '3차원 가상세계'라고 표기하고 있습니다.

초월과 유니버스는 익숙한 단어인데 결합된 말은 무슨 뜻을 지니고 있는지 이해가 잘 되지 않죠? 메타버스 개념을 이해하려면 단어 뜻을 넘어선 해석이 필요합니다. '초월'은 기준점이 있고 그것을 뛰어넘었다는 의미인데, 메타버스에서 사용된 '초월'은 기준점이 명확하지 않습니다. 메타버스를 정의 내리는 첫 번째 단추는 초월의 기준점에서 찾을 수 있습니다. 실제로 사람마다 메타버스 해석이 분분한 이유는 기준점에 대한 이해가 다르기 때문이고 이로 인해, 메타버스 범위도 달라집니다. 기준점이 명확하지 않으니 '코에 걸면 코걸이, 귀에 걸면 귀걸이'라는 식으로 여기저기 사용되고 있는 것도 사실입니다.

나만의 메타버스 개념을 잡아 나가려면 초월의 기준점을 설정해 놓고 좁은 의미의 메타버스 개념을 먼저 정의 내리세요. 이를 바탕으로 넓은 의미의 메타버스로 개념을 확장해 나가도록 해요. 현재 전문가들 사이에서는 '진짜 메타버스'와 '메타버스가 아닌 것'을 가르치려는 움직임이 엿보입니다. 메타버스는 변화할 미래를 포함하고 있기 때문에 넓은 관점에서 메타버스를 포용하는 것도 좋습니다. 메타버스는 고정된 개념이 아니라 변화가 필요한 개념이랍니다.

Skill up 01 메타버스 개념 잡기

메타버스에서 '초월'은 어떤 기준점을 의미하는 걸까요? 아래 예시들을 참고하여 나만의 문장을 3개 이상 완성해 보세요.

메타버스란	을(를) 초월한	이다.

예
- 현실세계를 초월한 3차원 가상세계
- 한정된 시간, 오프라인 공간을 초월한 언제나, 어디서나, 만날 수 있는 시공간
- 물리적인 나를 초월한 디지털 나 (=아바타)
- 기존 디바이스(PC, 스마트폰 등)를 초월한 VR헤드셋 또는 AR글래스
- 웹1.0과 웹2.0을 초월한 웹3.0

'유니버스'는 세계라는 뜻입니다. 초월과 합해져서 현실이 아닌 가상세계를 의미하죠. 가상세계 이상의 메타버스를 살아가는 방식 즉, '메타버스 세계관'까지 포함되는 의미입니다. 정리하면 메타버스 유니버스는 가상세계에서의 '공간, 사람, 생활'뿐만 아니라 '메타버스 세계관'까지 포함합니다. 예를 들어 마블 세계관은 하나로 연결되어 있어서 아이언맨과 스파이더맨은 각각 다른 영화의 주인공이지만, 어벤져스라는 영화에선 한 팀이 되어 활동합니다. 마블 히어로들은 독립된 존재로서 역할, 개성, 능력이 다르고 자신만의 가치관을 가지고 살아가지만 영화와 영화 사이를 연결하는 마블 세계관이 있기 때문에 어벤져스로 뭉칠 수 있습니다. 메타버스에도 전체를 관통하는 세계관이 있습니다. 아바타가 존재하고 오프라인의 나와 전혀 다른 부캐릭터로 활동해도 되고, 반말 모드를 사용해도 됩니다. 아바타가 멀리 있는 존재가 아닌 살아 있는 독립된 인격체로 활동하는 세상, 그곳이 메타버스입니다. 또한 메타버스 플랫폼마다 고유의 세계관도 함께 존재하고 있습니다.

☑ 메타버스 필수 요소 3가지: Me, World, Experience

'어떤 플랫폼은 메타버스이고, 어떤 것은 아니다'라고 구분을 지으면 헷갈리기 시작합니다. 좀 더 구체적인 메타버스의 특성은 무엇이 있을까요? 로블록스 창업자인 데이비드 바스주키는 메타버스를 형성하는 원칙(Building the Metaverse)으로 필수 요소 3가지와 개별 요소 5가지로 나눠서 설명합니다. 그중에서 필수 요소 3가지를 소개합니다.

- **Me(나, 아바타)**: 물리적 세계에 살고 있는 우리가 디지털화된 세계로 들어가기 위해서는 '디지털화된 나'가 필요합니다. 이것을 아바타로 통칭해서 부르고 있습니다. 아바타의 모습과 형태, 기능은 메타버스 플랫폼마다 다양하게 변주됩니다.

- **World(오픈월드, 세계관)**: 오픈월드를 의미합니다. 뛰어난 그래픽이 중요한 요소입니다. 오픈월드는 미션을 수행하지 않아도 월드에서 자유롭게 활동할 수 있습니다. 형태는 2D부터 3D까지 다양하게 변주 가능합니다. VR과 AR까지도 포함하는 세계입니다. 이 세계에서 사람들이 모여서 살기 때문에 사회, 문화적인 원칙들이 생겨나고 이것은 세계관으로 자리 잡습니다.

- **Experience(활동, 자유도)**: 나도 있고 오픈월드도 있다면 사람들은 디지털 활동을 자유롭게 하고 싶어집니다. 실제로 메타버스에서는 얼마나 자유롭게 활동할 수 있느냐를 중요한 요소로 뽑습니다.

Skill up 02 메타버스 풀어쓰기

메타버스 개념을 나만의 기준점을 가지고 재정의하는 시간을 진행해 봐요. 나만의 메타버스 개념을 정의 내려두면 메타버스에 대한 기준점이 생기고 변화하는 시대에 유연하게 대응할 수 있습니다. 아래 예시들을 참고하여 메타버스를 정의 내려 보세요.

메타버스란	이다.

예 · 메타버스란 나를 대신한 아바타가 주인공으로 살아가는 가상세계이다.
· 메타버스란 놀고 일하고 살아가는 또 다른 세계를 말한다.
· 메타버스란 오프라인과 연결되어 생활하는 새로운 디지털 세계이다.

02 | 왜 지금 메타버스 열풍인가?

메타버스는 미국 작가 닐 스티븐슨(Neal Stephenson)이 1992년에 쓴 소설 '스노우 크래쉬'에서 소개되어 세상에 알려졌습니다. 30여 년 전부터 알려진 메타버스가 지금 급부상하는 이유는 무엇일까요?

2021년 청룡영화제에서 남긴 윤여정 배우의 발언을 빌려 설명하도록 하겠습니다. 영국 가디언즈 기자는 윤여정 배우에게 '기생충, BTS, 오징어 게임 등 한국 대중 예술이 이렇게 갑자기 세계적으로 각광받는 이유를 알 수 있느냐'고 물었다고 합니다. 윤여정 배우는 '우리는 언제나 늘 좋은 영화, 좋은 드라마가 있었다. 단지, 세계가 지금 우리한테 갑자기 주목했을 뿐'이라고 대답했다고 합니다. 여기서 언급한 '한국 대중 예술'을 '메타버스'로 바꾸면 지금의 변화를 잘 표현한 것입니다. 이미 삼십여 년 전부터 시작된 메타버스는 항상 우리 곁에 있었습니다. 단지 최근에 갑자기 눈에 띄었고 우리가 주목한 것뿐입니다.

Z 메타버스 시조새는 인터넷

메타버스 출발점은 인터넷입니다. 1990년대 소수가 사용하던 인터넷은 2000년대 이후 대중화되면서 야후, 구글, 네이버 등 디지털 시대의 서막이 열렸고 인터넷은 기업 전략의 중요한 요소로 대두되었습니다. 2009년 아이폰 출시로 촉발된 스마트폰 대중화는 2010년대 페이스북, 유튜브와 같은 기업들이 성장하는 토대가 됩니다. 2020년대를 지나면서 모바일 퍼스트(Mobile First) 시대는 메타버스 시대로 변화하고 있습니다. 앞으로 10년을 이끌어나갈 넥스트 인터넷으로 메타버스가 주목받고 있습니다. 2021년 페이스북은 회사명을 메타 플랫폼스로 바꾸면서 '넥스트 인터넷은 메타버스다'라고 말하며 기업의 사활을 메타버스에 걸겠다고 했습니다. 10년 단위로 큰 변화의 변곡점이 나왔던 타이밍으로 볼 때 2020년대 새롭게 나타날 메가트렌드는 '메타버스'가 될 것이라고 전 세계 전문가들이 입을 모아 이야기하고 있습니다.

2000년대	2010년대	2020년대
인터넷 대중화	스마트폰 대중화	다음 타자는 무엇?
(Internet)	(Mobile Internet)	(Next Internet?)

Z 세상 모든 것의 디지털화

메타버스는 갑자기 튀어나오지 않았습니다. 어떤 부분은 천천히, 어떤 부분은 급격하게 디지털 전환이 일어나고 있습니다. 그렇게 세상 모든 것은 디지털화되고 있습니다. 예를 들어 이메일 주소를 생각해 볼까요? 멀리 떨어진 사람과 소통하기 위해 보냈던 우편은 이메일로 대체되었습니다. 당신은 언제부터 이메일 주소를 사용했는지 기억하나요? 당신의 첫 이메일은 무엇이었는지 기억을 더듬어 보세요. 그 시작은 10년 아니, 20년 전으로 까마득할 것입니다. 쇼핑에서의 디지털화도 살펴보세요. 백화점을 돌아다니며 발품을 팔던 쇼핑은 소파에 앉아서 스마트폰을 터치하거나, 책상에 앉아 마우스를 클릭하면 끝입니다. 식품부터 명품까지 온라인에서 사지 못하는 게 없습니다.

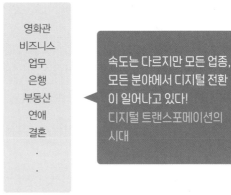

디지털화된 세계의 확장

디지털화된 세계

(물리적 현실세계)
지구를 살아가는 우리

세상 모든 것의 디지털화

영화관
비즈니스
업무
은행
부동산
연애
결혼
·
·

속도는 다르지만 모든 업종,
모든 분야에서 디지털 전환
이 일어나고 있다!
디지털 트랜스포메이션의
시대

☑ 메타버스 가속 스캔들: 코로나19와 전 세계 언택트

코로나19로 오프라인은 막히고 온라인이 활짝 열렸습니다. 직접 만나진 못하지만 연결이 되어 있다면 뭐든지 가능한 언택트 세상이 열린 것입니다. 일하는 방식의 혁신은 언택트에서도 활발하게 진행되었습니다. 온라인에서 보내는 시간이 많아지면서 폭발적으로 온라인 환경이 성장하게 됩니다. 코로나19를 만난 기술의 진보는 메타버스 가속화로 이어지는 결과를 낳습니다.

코로나19 × 기술의 속도 = 메타버스 가속화

자전거 달리는 속도로
디지털화가 진행됐다면!

열차가 달리는 속도로
디지털화 진행중!

코로나19 이전　　　　　　　코로나19 이후

학교의 경우 줌(Zoom)과 같은 화상회의 툴을 활용한 가상 클래스로 수업이 진행되고 가상 교실에서 아바타로 친구들을 만납니다. 재택 근무를 시작한 기업들은 화상회의 등 업무 툴을 활용하면서 회사에 가지 않고 직접 만나지 않는 상태로 협업이 가능하다는 것을 학습하게 되었습니다. 온라인이 완벽하진 않지만 오프라인 없이 디지털로만 이뤄진 세트가 가능하다는 가능성을 경험한 많은 직장인들은 일하는 방식의 혁신을 가져왔습니다.

코로나19로 일어난 언택트 상황을 정리하면 다음과 같습니다.

- **반강제 언택트 탑승:** 코로나19로 인해, 그동안 온라인 없이 살아가는데 지장이 없었던 사람들조차 반강제적으로 언택트를 경험해야만 했습니다. '언택트로 일하는 방법을 알고 있다' VS '언택트로 일을 해봤다'는 하늘과 땅 차이입니다.
- **장기간(1년 이상) 탑승:** 1년 이상 언택트 환경에 놓임으로써 다양한 시도와 실험이 진행되었습니다. 직장인들은 이제 줌, 팀즈, 웨벡스 등을 통해 화상회의가 가능하다는 것을 알고 있습니다. 코로나19 이전에는 화상회의의 필요성을 웬만해선 느끼기 어려웠던 걸 감안하면 엄청난 변화입니다.
- **전 세계 동시 탑승:** 전 세계 사람들이 이렇게 공통적으로 열광하는 주제가 흔하지 않습니다.

❷ 메타버스가 진짜로 온다는 기대감

코로나19로 디지털화 진행 속도가 빨라지고 강제적인 온라인 경험이 늘어나면서 전문가들은 디지털화가 5년~10년 정도 당겨졌다고 보고 있습니다. 누구도, 어떤 기관도 정확한 숫자로 미래를 예측할 수는 없지만 '변화의 변곡점이 앞으로 당겨질 것'이라는 믿음은 같습니다. 생각보다 빨리 '메타버스가 "진짜로" 온다는 기대감'은 투자와 실행, 기업 전반에서 속도를 더욱 가속화하는 역할을 하고 있습니다.

2000 ~ 2010	2010 ~ 2020	2020 ~ 2030
인터넷 대중화 (Internet)	스마트폰 대중화 (Mobile Internet)	메타버스 대중화 (Next Internet=Metaverse)

☑ 다양한 기술 용어를 집어삼킨 메타버스

인터넷 시대, 모바일 혁명, 디지털 전환, 4차 산업혁명 등을 거치면서 나왔던 기술 관련 용어들은 코로나19라는 깔때기를 거치면서 '메타버스' 용어 하나로 통합되는 현상이 일어나고 있습니다. 지난 20여 년 동안 등장한 수많은 디지털 혁신에 사용된 용어들을 메타버스가 집어삼키고 있습니다.

다양한 용어를 집어삼킨 메타버스

20년을 이끌어 온 인터넷 시대에는 PC와 스마트폰이 대세를 이뤘지만 앞으로 20년을 이끌어 나갈 메타버스 시대에는 VR헤드셋, AR글래스를 포함하여 새롭게 개발된 혁신적인 디바이스가 주류로 떠오를 수 있습니다. PC 그리고 스마트폰과 얼마나 결합된 형태로 진화할 것인지도 관전 포인트입니다.

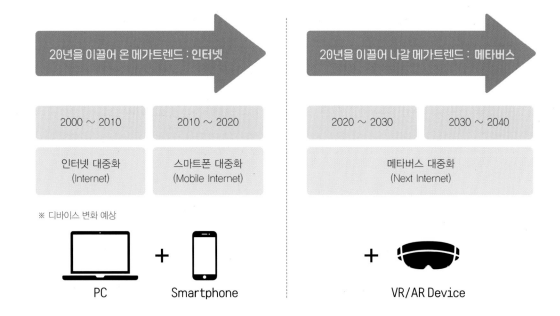

20년을 이끌어 온 메가트렌드 : 인터넷	20년을 이끌어 나갈 메가트렌드 : 메타버스

2000 ~ 2010	2010 ~ 2020	2020 ~ 2030	2030 ~ 2040
인터넷 대중화 (Internet)	스마트폰 대중화 (Mobile Internet)	메타버스 대중화 (Next Internet)	

※ 디바이스 변화 예상

PC   +   Smartphone   +   VR/AR Device

Check Point   VR / AR / MR / XR 용어 정의

가상현실 (VR; Virtual Reality)	컴퓨터로 만든 가상세계에서 사람이 실제와 같은 체험을 할 수 있도록 하는 기술
증강현실 (AR; Augmented Reality)	2D 또는 3D로 표현되는 가상의 물체를 현실 공간과 겹쳐 보이게 하면서 상호작용을 하는 환경
혼합현실 (MR; Mixed Reality)	현실세계와 가상세계 정보를 결합해 두 세계가 결합한 가상의 공간을 만들어 내는 것
확장현실 (XR; eXtended Reality)	VR, AR, MR을 포함해 미래에 등장할 또 다른 형태의 현실까지 모두 포괄하는 개념

※ 출처: [이코노미 조선] 연재 정보 394호 2021년 05월 03일

Z 메타버스와 관련된 다양한 궁금증

싸이월드는 메타버스가 아닌가요?

메타버스가 맞습니다. 로블록스 창업자인 데이비드 바스주키가 소개한 메타버스 필수 요소 3가지를 기준으로 설명하자면, 미니미라는 아바타가 있고 미니룸이라는 오픈월드가 있어서 친구들을 초대하고 방을 꾸미는 활동, 파도타기 등 다양한 활동들이 존재했습니다.

이제 와서 싸이월드를 메타버스라고 불러야 하는지 의문인 분들이 많습니다. 우리는 여기서 두 가지 포인트를 짚으면 됩니다. 첫 번째, 메타버스는 싸이월드 때부터 존재한 오래된 개념이지만 지금은 전 세계 메가트렌드로 주목받고 있다는 점입니다. 다양한 인프라, 관련 기술들의 완성도와 결합되어 서비스 형태로 일반 대중에게 다가서기 시작했기 때문입니다. 두 번째, 메타버스는 영원해도 개별 플랫폼들은 흥망성쇠를 겪는다는 점입니다. 메타버스 서비스 플랫폼의 고유한 특성들이 어떻게 시장에 먹힐지, 그리고 어떻게 서비스로 구현되어 운영될지는 지켜봐야 하는 포인트입니다.

메타버스는 게임인가요?

게임 이외에도 많습니다. 메타버스는 게임에 빚을 지고 시작했습니다. 아바타, 오픈월드 그리고 다양한 활동들은 게임의 성장에서 싹을 틔우고 커왔다고 해도 과언이 아닙니다. 그리고 현재 메타버스는 다양한 형태로 분화되어 각각 성장하고 있습니다. 소셜미디어, 게임, 디지털 워크, VR 콘텐츠 분야로 세분화되어 성장 중입니다.

소셜미디어의 계보를 잇는다	게임의 계보를 잇는다	디지털 워크의 계보를 잇는다	VR 콘텐츠의 계보를 잇는다
제페토	포트나이트 로블록스 마인크래프트	게더타운 이프랜드 스페이셜	VRchat

메타버스는 어떤 모습인가요?

메타버스가 일상인 미래의 어느 날로 휙 날아갔다고 가정한다면, 메타버스는 어떤 모습일까요? 영화 '레디 플레이어 원'에 등장한 메타버스를 상상하나요? 아니면 영화 '매트릭스'의 한 장면을 상상하나요?

• 영화 '레디 플레이어 원' 속 오아시스와 같은 메타버스가 온다

영화 '레디 플레이어 원'에서 주인공이 VR헤드셋을 쓰고 들어간 메타버스는 '오아시스'입니다. 아바타 형태로 들어갈 수 있는 디지털로 창조된 새로운 세계입니다. 아바타는 나를 대신

하여 사회·경제·문화 등 오프라인에서 했던 모든 활동을 하며 오아시스에서 살아갑니다. 오프라인의 나와 부캐릭터인 아바타가 공존하는 세계관을 가지고 있습니다. '오아시스'로 메타버스가 통합됐다는 의미는 여럿 플랫폼들이 경쟁을 벌이다가 결국 절대적 시장점유율을 가진 1위 메타버스 플랫폼으로 통합되었다는 것입니다. 많은 사람들은 자연스럽게 이 세계에서 만나게 되는 메타버스를 상상할 수 있습니다. 영화 속 오아시스가 현실 세계의 오아시스가 되는 셈입니다.

· 영화 '매트릭스'와 같은 메타버스가 온다

영화 '매트릭스'처럼 디지털 트윈 형태를 상상해볼 수 있습니다. 오프라인을 복제해서 디지털에 똑같이 만들어 놓고 그 세계에서 살아가는 형태입니다. 영화 매트릭스에서는 내가 오프라인에 있는지, 디지털 세상 안에 있는지 인지하지 못하게끔 장치를 해놓았는데요. 실제로 메타버스에서 생활하는 시간이 길어지면 오프라인과 온라인의 경계를 군이 구분하지 않고 살아가게 될 수 있습니다.

· 메타버스는 멀티버스로 온다

영화 속 '오아시스'나 '매트릭스'처럼 동일한 한 개가 아닌 여러 개 메타버스가 공존하는 멀티버스로서 미래를 그려볼 수 있어요. '멀티버스'는 다중 우주라는 이론에서 출발했습니다. 간단하게 설명하면 우주가 하나가 아니라 여러 개가 동시에 공존한다는 의미입니다. 메타버스 플랫폼은 다양한 목적으로 발전할 것이고 아바타로 만나는 세상은 다수 존재하게 됩니다. 미래에 한 개의 아바타로 여러 플랫폼들을 왔다 갔다 할 수 있게 될지는 미지수입니다. 플랫폼별로 다른 아바타를 다수 보유하게 될 가능성이 있습니다.

메타버스 플랫폼은 메타버스가 추구하는 방향과 유저가 이용하는 목적별로 분화되어 성장하고 다양한 플랫폼이 존재하면서 개인의 필요와 취향에 맞게 골라서 사용하는 형태로 발전하는 것을 상상할 수 있습니다. 예를 들어 로블록스는 게임 기반, 제페토는 소셜 기반, 게더타운은 가상 오피스 등 업무 기반으로 분화하여 성장하고 있습니다. 또한 제페토는 스마트폰으로만 접속이 가능하고 게더타운은 PC 접속이 1순위인 것과는 달리 VR챗, 렉 룸 등은 오큘러스 퀘스트2 등 VR헤드셋을 접속하고 이용하는 형태로 성장하고 있습니다.

메타버스의 미래를 상상해 보세요.

① 현실로 다가온 미래(1년 이내)에 진행된 메타버스는 어떤 모습일까요?

짧은 문장과 간단한 스케치로 완성해 보세요.

② 가까운 미래(5년 이내)에 진행된 메타버스는 어떤 모습일까요?

짧은 문장과 간단한 스케치로 완성해 보세요.

③ 먼 미래(10년 후, 20년 후, 30년 후)에 진행된 메타버스는 어떤 모습일까요? 10년 후, 20년 후, 30년 후 중에 하나를 선택하여 상상해 봐요.

짧은 문장과 간단한 스케치로 완성해 보세요.

03 새로운 직업의 탄생: 메타버스 크리에이터

Z 메타버스 크리에이터란 무엇인가?

메타버스 대중화로 점점 더 많은 일상이 메타버스 속으로 들어가면 메타버스에서 영화를 보고 옷을 사고, 돈을 벌며 연애와 일을 하는 새로운 세계의 입주민이 지속적으로 늘어나게 됩니다. 이 세계에서 사회생활을 시작한 아바타는 때에 맞는 더 많은 옷과 아이템들이 필요하며, 입주민이 늘어나면서 새로운 공간을 원하게 됩니다. 이로써 더 많은 가상세계가 생겨나게 됩니다. 이 새로운 가상월드는 저절로 생겨나는 걸까요? 아바타에 필요한 옷과 아이템은 누가 디자인하고 만드는 걸까요? 여기서 메타버스 세계 자체를 건축하고 아바타에 필요한 옷과 아이템을 디자인하는 사람들을 '메타버스 크리에이터'로 부릅니다.

점점 더 많은 일상이 메타버스 속으로!
"메타버스 대중화"

메타버스에서 영화를 보고
메타버스에서 옷을 사고
메타버스에서 돈을 벌고
메타버스에서 연애를 하고
메타버스에서 일을 하고

새로운 직업의 탄생
"메타버스 크리에이터"

메타버스 월드를 짓고
아이템을 만드는
크리에이터가 필요
➡ 이로 인해 메타버스에서
일을 하고 수익을 발생시키는
크리에이터 증가

Check Point | **크리에이터 개념 정리**

크리에이터는 무언가를 만들어내는 사람, 창작자라는 뜻입니다. 보통 유튜브에서 영상 콘텐츠를 만들어 올리고 활동하는 직업을 가진 사람을 지칭하는 말로 사용되고 있습니다. 플랫폼 이름을 앞에 붙여서 '유튜브 크리에이터', '틱톡 크리에이터' 등으로 부르기도 하고 주제를 앞에 붙여서 '먹방 크리에이터', '패션 크리에이터'라고 부르기도 합니다. 또한 유튜브에서 활동하는 크리에이터를 유튜버, 블로그에서 활동하는 크리에이터를 블로거라고 부르며 1인 미디어로서 영향력을 가진 크리에이터들을 인플루언서로 칭하기도 합니다.

이 책에서는 메타버스 플랫폼에서 활동하는 크리에이터를 기존 크리에이터와 구별하기 위해 메타버스 크리에이터로 통칭했습니다. 메타버스 플랫폼 이름을 앞에 붙여서 제페토 크리에이터, 로블록스 크리에이터, 제작하는 주제를 앞에 붙여서 가상월드를 만드는 월드 크리에이터, 아바타 패션을 제작하는 패션 크리에이터로 분류할 수 있습니다.

Check Point | **콘텐츠 유형의 진화 방향**

콘텐츠 유형은 웹과 모바일의 발전으로 다양한 형태로 진화되어 왔습니다. 웹1.0, 웹2.0, 웹3.0으로 구분하여 나누기도 합니다. 아래를 참고해 보세요.

웹1.0	웹2.0	웹3.0
www	모바일	메타버스
Text	Image, Video	3D, VR, AR
PC & Labtop	스마트폰(아이폰, 갤럭시)	· VR헤드셋(오큘러스 퀘스트2), · SmartGlass
블로그(네이버 블로그)	· 이미지 중심(인스타그램) · 영상 중심(유튜브, 틱톡)	· 3D(제페토, 로블록스) · VR(Beatsaber)

Z 메타버스 크리에이터가 하는 일

메타버스 크리에이터들은 요즘 뜨는 콘텐츠를 발 빠르게 메타버스 속으로 들여오는 역할을 하고 유저들의 발걸음을 메타버스로 끌어당기고 있습니다.

'오징어 게임'이 넷플릭스 시리즈로 오픈되고 전 세계 1위에 오르기가 무섭게, 메타버스에서 빠르게 '오징어 게임'을 할 수 있는 공간이 생겨나고 사용자들의 인기를 끌었습니다. 오징어 게임 속 장면을 그대로 가상세계로 옮겨온 듯한 월드들이 제페토와 로블록스에 생겨났고 이프랜드에서는 배우 이정재가 입은 456 번호표를 단 녹색 추리닝 세트가 출시되었습니다. 이로써 녹색 추리닝 세트를 입은 아바타들을 쉽게 찾아볼 수 있습니다. '오징어 게임' 속에서 참가자들이 모여 대기하고 잠을 자는 메인 공간은 물론 유리로 만든 다리를 건너야 하는 브릿지 공간에서 아바타가 직접 뛰어다니면서 게임에 참여할 수 있습니다. 강화 유리라면 아바타는 유리 위에 서 있고 강화 유리가 아니라면 유리가 깨지면서 바닥으로 떨어지는 것까지 실제 오징어 게임과 똑같이 구현되어 있습니다. 녹색 추리닝을 입은 아바타 참가자들이 메타버스에 모여서 '무궁화 꽃이 피었습니다' 게임을 하는 동영상 후기 등 아바타 브이로그는 유튜브까지 파고들고 있습니다.

실제로 메타버스에서 오징어 게임 참가자가 되어 유리로 된 다리를 건너보면 생각보다 스릴 있습니다. 폴짝폴짝 아바타가 다음 유리로 넘어갈 때 강화유리인지 아닌지 긴장됩니다. 유리에 발이 닿기가 무섭게 아바타는 밑으로 떨어지기도 하는데, 그 순간 정신이 번쩍 들고 심장이 떨립니다. 다행히 게임 속 아바타는 실제와 달리 다시 다리의 출발점으로 돌아와서 시도해볼 수 있어 시간 가는 줄 모르고 즐길 수 있습니다.

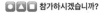 참가하시겠습니까?

Squid Games	Squid Bridge	Squid Game Zone	Squid bridge	Squid play	Red Light Green Light	SQUID GAMES -...	갑오징어 게임 (Gab Squid...	Squid Fight
👍94% 👤143K	👍94% 👤79.4K	👍93% 👤49.9K	👍90% 👤23.5K	👍95% 👤10.7K	👍91% 👤9.1K	👍94% 👤9.3K	👍93% 👤3.8K	👍94% 👤3.4K

메타버스 크리에이터들은 K-POP 등 엔터테인먼트 콘텐츠를 활용하는 법을 잘 알고 있습니다.

2020년 7월 29일, 제페토에 문을 연 '블핑하우스'는 2,700만 방문 횟수를 기록했습니다. 인기 그룹 블랙핑크의 꿈 같은 휴식처라는 콘셉트로 오픈한 블핑하우스는 드림키친에서 커다란 냉장고와 아일랜드식 식탁 앞에서 요리를 해볼 수 있고 예쁜 풍선과 핑크빛 소파가 놓인 거실에 배치된 TV를 통해 블랙핑크 뮤직비디오를 볼 수 있습니다. 복도 끝 드레스룸에서는 블랙핑크 의상을 갈아입고 연습실에서 블랙핑크처럼 춤을 출 수 있는 '제스처' 기능을 사용할 수 있습니다. 제페토에서 사용할 수 있는 제스처 옵션은 버튼만 누르면 준비된 음악에 맞춰 아바타가 춤을 추는 기능입니다. 내 아바타가 블랙핑크 춤을 똑같이 추면 대리 만족이 됩니다. 실제 사용자가 블랙핑크 춤을 잘 못 춰도 내 아바타는 블랙핑크 댄스를 추는 환상적인 경험을 할 수 있습니다. 2층에 올라가면 비밀의 침실을 볼 수 있고 대문 밖으로 나오면서 정원 한가운데 오솔길을 걸으며 힐링할 수 있습니다.

⊖ 월드명: 블핑하우스

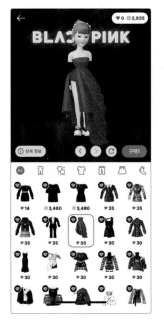 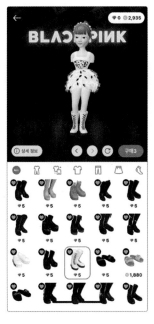

⊖ 콜라보레이션 샵: BLACKPINK

메타버스 크리에이터들은 메타버스 시대에 어떻게 브랜드 경험을 구축하고 활용해야 하는지 새로운 방법을 제안하고 있습니다.

2020년 6월 15일 현대자동차의 소나타 신차 출시에 맞춰 제페토에 '드라이빙존'이란 이름의 공식월드가 생겼습니다. 이후에 2021년 9월 14일에는 카레이싱 트랙으로 현대 SONATA를 타고 트랙에서 경주를 할 수 있도록 리모델링하여 새롭게 업데이트했습니다. 드라이빙존에는 아바타가 즐길 수 있는 다채로운 브랜드 경험이 준비되어 있습니다. 카레이서 선수와 같이 의상을 바꿔 입고 카레이싱 모델이 된 것처럼 자동차 옆에서 멋진 포즈를 취하는 아바타 셀카를 찍을 수 있습니다. 또한 브이로그 영상을 찍어 소셜미디어에 공유하고 유튜브에 올릴 수도 있습니다.

⊙ 월드명: 드라이빙존, 현대 SONATA

⊙ 콜라보레이션 샵: HYUNDAI

Z 메타버스 크리에이터의 작업 범위

메타버스 크리에이터는 만드는 소재, 종류, 형태가 무엇이냐에 따라서 활동 영역이 구분됩니다. 모든 영역에서 작업을 하는 크리에이터가 있을 수 있고 한두 가지 분야로 한정해서 활동을 할 수도 있습니다.

제페토 크리에이터에서 힌트를 얻어 보자면, 2022년 1월에 열린 크리에이터 클래스를 주목할 필요가 있습니다. 아이템, 맵, 콘텐츠, 리터칭, 커스텀의 5가지 영역으로 나눠서 제페토 클래스를 열었습니다.

각각의 영역에서 활발한 작업 활동을 하는 크리에이터를 멘토로 구성하였고 해당 멘토들의 노하우를 온라인 영상 강의로 유튜브에 공개했습니다. 1주차 활동일지를 보면 영역별로 5명의 멘토를 확인할 수 있습니다.

- **아이템 크리에이터:** 아바타가 입을 옷과 아이템을 제작하는 패션 디자이너. 대표적으로 제페토에서 활발한 거래가 이뤄지고 있음. 제페토 이외 로블록스에서도 많은 거래가 이루어짐.

- **맵 크리에이터:** 가상월드를 창작하는 건축가에 해당됨. 월드 빌더, 월드 크리에이터라고 부르기도 함. 3D 가상월드 제작 에디터를 제공하는 플랫폼으로 제페토, 로블록스, 마인크래프트가 있음.

- **콘텐츠 크리에이터:** 아바타 또는 오픈월드를 활용해서 드라마 등 스토리 콘텐츠를 제작하는 크리에이터를 말함. 제페토 드라마 PD는 유튜브에서 많은 조회수를 기록하고 있음. 아바타가 주인공으로 등장하며 시리즈로 진행됨.

- **리터칭 & 커스텀 크리에이터:** 아바타의 얼굴, 옷 등을 리터칭하는 크리에이터로 아바타를 있는 그대로 활용하기보다는 리터칭하여 활용하는 경우가 많기 때문에 이들도 크리에이터로서 인기가 있음.

이외에도 NFT 발행 및 판매를 관리하는 크리에이터 등 다양한 작업을 진행하는 메타버스 크리에이터들이 새롭게 등장하여 성장하고 있습니다.

Z 크리에이터가 주인공인 시대! 크리에이터 이코노미

　메타버스 크리에이터를 준비하는 분이라면 크리에이터 이코노미에 관심을 가져볼 필요가 있습니다. 크리에이터 이코노미란 글, 음성, 영상, VR 등 다양한 형태의 콘텐츠를 제작한 창작자가 자신의 영향력을 활용하고 수익화를 통해 경제 활동을 이루는 모든 산업을 말합니다. 크리에이터 이코노미를 가장 잘 활용한 플랫폼으로 유튜브가 꼽히고 있습니다. 2007년부터 유튜브 파트너 프로그램(YPP)을 통해서 크리에이터들의 수익 창출을 지원하고 있어 많은 창작자들이 유튜브에서 활동하고 있습니다. 크리에이터란 말은 유튜버와 동의어로 쓰이고 있는 점도 이 때문입니다. 광고 붙이기, 구독 유료 멤버십, 브랜디드 콘텐츠 제작, 상품 직접 판매 등 다양한 수익 창출 방안이 있습니다. 무엇보다 눈여겨봐야 할 부분은 '유튜브 스튜디오'를 이용하면 누구나 쉽게 크리에이터가 될 수 있고 수익화할 수 있다는 점입니다. 유튜브 스튜디오는 무료로 사용할 수 있으며, 제작한 영상을 빠르게 올리고 다양한 통계를 분석할 수 있습니다.

　유튜브에서 인사이트를 얻은 메타버스 플랫폼은 크리에이터 이코노미를 적극적으로 도입하고 있습니다. 지속적으로 메타버스 플랫폼의 경쟁력을 갖기 위해 크리에이터들이 메타버스로 몰려들게 해야 하니까요. 자사 플랫폼에서 활동하는 크리에이터가 일정 수준에 도달해야 '크리에이터 이코노미의 선순환'이 시작됩니다. 크리에이터가 많을수록 플랫폼의 성장과 발전에 당연히 도움이 되겠죠. 이러한 선순환을 만들어내기 위해서는 양대축이 필요합니다. 그 첫 번째로 '크리에이터가 보다 쉽게 콘텐츠를 만들 수 있도록 메타버스 빌드 에디터'가 제공되어야 합니다. 두 번째로 '크리에이터가 수익을 내도록 돕는 가상화폐 시스템'이 정비되어 있어야 합니다. 이 두 가지가 마련되면 콘텐츠 생산자가 되는 장벽을 낮춰 줍니다. 메타버스 크리에이터가 되겠다고 결심한 창작자들이 중도에 포기하지 않고 끝까지 콘텐츠를 만들도록 돕습니다. 코딩이나 3D를 몰라도 뚝딱 3D 콘텐츠를 만들 수 있다면, 아이디어만 있으면 모두 창작자가 될 수 있겠죠?

　크리에이터 이코노미 선순환을 정리하면, 메타버스 크리에이터가 증가할수록 콘텐츠가 늘어나고 양질의 콘텐츠가 늘어날수록 이용자가 증가합니다. 이용자가 증가할수록 크리에이터가 수익을 낼 수 있는 구조가 커지게 되고 크리에이터는 수익을 낼 수 있는 환경이 마련되면 플랫폼을 떠나지 않고 지속적으로 창작 활동을 하게 됩니다. 이렇게 크리에이터 이코노미 선순환이 완성됩니다.

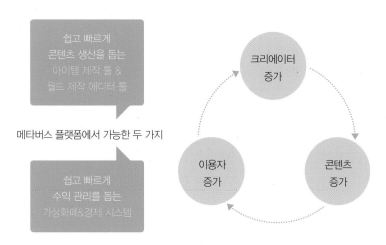

크리에이터 이코노미 선순환

누구나 쉽게 크리에이터가 되는 세계

쉽고 빠르게
콘텐츠 생산을 돕는
아이템 제작 툴 &
월드 제작 에디터 툴

메타버스 플랫폼에서 가능한 두 가지

쉽고 빠르게
수익 관리를 돕는
가상화폐&경제 시스템

크리에이터
증가

콘텐츠
증가

이용자
증가

Z 누구나 쉽게 크리에이터가 되는 세계

메타버스 시대, 콘텐츠 제작의 진입장벽을 낮춰 주는 쉬운 '메타버스 빌드 에디터'의 제공은 크리에이터를 끌어들이는 핵심 중의 핵심입니다. 예를 들어 아바타가 입을 회사 단체 티셔츠를 만들고 싶다면 어떤 소프트웨어를 써야 할지 감이 오나요? 이처럼 어떤 프로그램을 써야 하고 무엇을 배워야 하는지부터 찾아나서야 합니다. 프로그램이 유료인지 무료인지도 중요합니다. 하지만 회사 로고 이미지만 있으면 무료로 사용할 수 있는 에디터 툴이 있다면, 누구나 쉽게 아바타 디자이너가 될 수 있을 것입니다.

2부

나도 메타버스
크리에이터 :
제페토 빌드잇으로 시작

메타버스 크리에이터가 되고자 한다면
어디서부터 어떻게 시작해야 할까요?

여기서는 메타버스 플랫폼 제페토에서
맵 크리에이터로 시작하는 방법을 소개합니다.
제페토 빌드잇을 추천하는
네 가지 이유를 살펴보며
바로 지금 제페토 크리에이터에 도전해 보세요.

01 나도 제페토 크리에이터가 될 수 있다!

메타버스 크리에이터가 되는 방법은 다양합니다. 이 책은 제페토 빌드잇을 활용하여 월드를 제작하는 제페토 맵 크리에이터가 되는 길을 소개합니다. 소개된 방법을 하나씩 따라 하면서 제페토 크리에이터로서 출발해 보세요. 노트북과 커피, 그리고 책만 있다면 여러분도 제페토 크리에이터가 될 수 있답니다.

제페토는 제페토 스튜디오를 통해서 패션 및 아이템을 쉽게 만들 수 있도록 열어 두었습니다. 제페토 스튜디오를 이용한다면 회사 로고 이미지를 '.png'로 준비하면 됩니다. 이 툴을 이용하면 수익화를 원하는 누구나 아바타 패션 디자이너가 될 수 있습니다. 제페토는 젬(ZEM)과 코인(Coin)이라는 가상화폐 시스템을 가지고 있습니다. 아바타 옷을 만들고 직접 가격을 책정하여 등록하고 판매할 수 있습니다.

또한 제페토는 3D 공간을 쉽게 만들 수 있도록 '제페토 빌드잇(Build-it)'을 제공하고 있습니다. 검색 사이트에 '제페토 빌드잇'을 검색한 후 프로그램을 PC에 다운로드합니다. 회원가입한 후 로그인을 하면 누구나 무료로 쉽게 이용할 수 있습니다. 빌드잇을 간단하게 설명하면 파워포인트 에디터와 비슷합니다. 파워포인트의 상단에 글쓰기 상자를 누르면 내가 원하는 위치에 글을 쓸 수 있고 화살표나 사각형을 선택해서 놓으면 다양하게 편집할 수 있습니다. 이미지나 영상을 넣고 싶으면 '불러오기'를 해서 크기와 위치를 원하는 대로 조정할 수 있습니다. 제페토 빌드잇 사용법도 비슷합니다. 도로를 깔고 싶으면 도로를 선택하고 드래그하여 땅에 놓으면 됩니다. 파워포인트 빈 화면과 제페토의 빈 땅을 같은 개념으로 보고 문서의 화살표와 월드의 도로를 비슷하게 생각해서 구축하면 쉽습니다.

이런 쉬운 툴이 없다면, 메타버스에 집을 올리기 위해서는 많은 시간을 투자해야 합니다. 3D로 공간을 만들고 물건들을 놓는다고 하면 배워야 할 게 너무 많습니다. 예를 들어, 3D에서 그림자는 리얼리티를 반영할 때 매우 중요합니다. 도로와 건물, 가로수를 3D로 만든다고 가정해 봅니다. 가로수들은 왼쪽으로 길게 그림자가 드리웠는데 건물만 위에서 아래로 짧은 그림자가 생긴다면 어색합니다. 이처럼 세세한 부분들을 계산하고 수정하면 시간과 에너지가 많이 들어갑니다. 제페토 빌드잇을 이용하면 3D 가상월드 속 그림자는 자동으로 계산되어 적용됩니다. 창작자는 도로를 깔고 가로수를 놓고, 건물을 올리기만 하면 됩니다. 아바타의 움직임에 따라 그림자가 자연스럽게 생기며 그림자가 비친 건물 쪽은 색이 전체적으로 어두워지는 등 스스로 계산되어 적용됩니다. 이런 작업들은 작업자의 시간과 에너지를 단축시켜 줄 뿐만 아니라, 3D 아트 스킬이 부족한 창작자도 멋진 작품을 만들 수 있도록 도와줍니다.

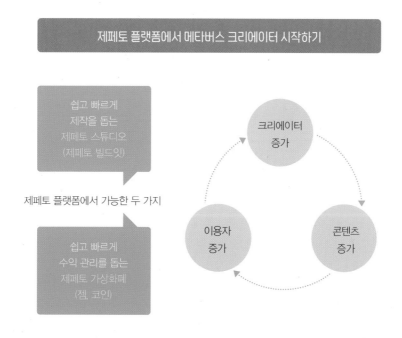

국내는 물론 전 세계에서 3억 명의 이용자를 확보한 제페토는 네이버의 자회사인 스노우에서 2018년 8월 30일에 론칭한 메타버스 플랫폼 서비스입니다. 스노우는 사명과 동일한 스노우 서비스를 제공하는 기업인데요. 스노우는 얼굴 인식 기술을 활용해 다양한 스티커와 이펙트를 더한 영상을 생성하고 공유하는 서비스입니다. 제페토를 소개하는데 스노우를 앞서 설명한 이유는 제페토가 처음에는 스노우의 기능을 확장하기 위한 연구 중 하나로 시작했기 때문입니다. 스노우가 이용자의 실제 얼굴을 꾸미는 개념인데 이를 확장해 아바타를 만들고 꾸미는 기능으로 개발되었습니다. 만들고 보니 훨씬 큰 가능성이 있겠다고 판단하여 스노우에서 독립해 제페토 서비스로 출시하게 된 것이죠. 제페토라는 명칭은 생각하신 것처럼 피노키오를 만든 제페토 할아버지의 이름에서 따온 것입니다. 아바타를 창조하고 생각을 불어넣어 메타버스에서 살아 숨쉬는 또 다른 나를 만들어 낸다는 취지를 담았다고 합니다.

2018년에 출시한 제페토 1.0은 얼굴을 인식해 나를 닮은 아바타를 생성하고 꾸미는 기능을 제공했습니다. 그리고 다른 아바타를 만나고 즐길 수 있는 월드맵 기능을 추가한 제페토 2.0 이후 더 큰 인기를 얻게 되었습니다. 단순한 아바타 서비스에서 아바타 소셜 서비스로 빠르게 발전한 것이죠. 2020년에 제페토는 누구나 아이템이나 월드맵을 제작해 등록할 수 있도록 지원하는 크리에이터 플랫폼 제페토 스튜디오를 출시하며 다시 한번 메타버스 플랫폼 서비스로 발전하였습니다. 2018년 출시한 이후 매년 굵직한 새로운 서비스를 추가하며 빠르게 발전하고 있는 셈이죠. 제페토 공식 인스타그램의 소개 문구 'Another me in another universe'가 현재 제페토의 지향점을 잘 드러내고 있습니다. 제페토는 지금도 발 빠르게 변화를 준비하고 있습니다. 우선 크리에이터를 지원하는 제페토 스튜디오는 출시 이후 월드나 라이브 기능 등을 추가하고 있습니다. 더 쉽게 창작하기 위한 방법과 더 강력하게 창작하기 위한 방법 모두를 지속적으로 발전시켜 가고 있습니다.

최근 제페토가 투자하고 있는 내용을 살펴보면 앞으로 제페토가 어떤 방향으로 발전할지 가늠해 볼 수 있습니다. 제페토를 운영하고 있는 네이버 Z 코퍼레이션은 2021년 게임사 슈퍼캣과 조인트벤처 젭을 설립하였고 블록체인 스타트업 슈퍼블록에 투자하였습니다. 이외에도 더 샌드박스와 NFT 관련 MOU를 체결하기도 하였습니다. 요약하자면 '게임'과 '커머스' 관련 서비스가 강화될 것으로 기대됩니다.

처음 제페토가 출시되었을 때에는 아바타가 또 하나의 나를 표현하는 것을 지향했고 따라서 실제 나의 얼굴 사진을 업로드하면 나를 닮은 아바타를 만들 수 있었습니다. 하지만 나와는 전혀 다른 독립된 아바타에 대한 요구가 있다는 것을 깨닫게 되면서 처음부터 아바타를 커스텀하여 만들 수 있도록 기능을 추가하였습니다.

창작 콘텐츠를 확보하는 방법에 있어서도 IP 사업자와 콜라보하는 방향과 일반 이용자가 직접 창작할 수 있는 UGC 기반을 제공하는 방향을 모두 선택하였습니다. IP 사업자와의 콜라보에 있어서는 특히, K-POP 자원을 적극 활용했습니다. 대한민국 기업이라는 포지션에서 활용할 수 있는 최선의 선택을 한 것이죠.

네이버 Z 코퍼레이션이 두 번의 투자 유치를 받을 때 JYP, 하이브, YG 등의 엔터테인먼트사가 참여한 것은 K-POP 자원을 활용하기 위한 매우 강력한 의지를 보여 주는 대목입니다. 실제로 ITZY, BTS, 블랙핑크 등의 K-POP IP를 활용한 제페토 아이템이나 맵은 매우 큰 인기를 얻었고 제페토 이용자 증가에 상당한 몫을 하였습니다.

일반 이용자가 직접 창작할 수 있는 기반이 바로 제페토 스튜디오입니다. 그중에서도 누구나 쉽게 월드맵을 제작할 수 있도록 빌드잇 기능을 제공하고 있습니다. 빌드잇이 제공된 이후 제페토에서 즐길 수 있는 월드맵이 기하급수적으로 증가하였고 일반 사용자는 물론 제페토라는 메타버스 플랫폼을 활용하고자 하는 수많은 기업이나 기관이 보다 쉽게 접근할 수 있는 방법이 마련되게 되었습니다.

제페토의 발자취
- 2018년 8월 : 스노우의 아바타 콘텐츠에서 독립해 제페토 1.0 출시
- 2019년 3월 : 월드(맵) 기능을 추가한 제페토 2.0 출시
- 2019년 37개국 앱스토어 1위
- 2020년 3월 : 네이버 Z 코퍼레이션으로 분사
- 2020년 3월 : 크리에이터 플랫폼인 제페토 스튜디오 출시
- 2020년 이용자 2억 명 돌파
- 2021년 이용자 2.5억 명 돌파, 165개국 서비스

투자로 알아보는 제페토
- 2020년 매출 86억 원, 기업 가치 1,543억 원 추정
- 2020년 시리즈 A 170억 원 유치 (JYP/하이브/YG)
- 2021년 매출 400억 원, 기업 가치 1조 2천억 원 추정
- 2021년 시리즈 B 2,200억 원 유치 (소프트뱅크/미래에셋캐피탈/네이버웹툰/JYP/하이브/YG)
- 2021년 슈퍼블록 시드 단계, 페르소나스페이스 시리즈 A 단계 투자
- 2022년 매출 1,100억 원, 기업 가치 3~4조 원 전망

Check Point | **제페토 스튜디오를 소개합니다**

제페토 스튜디오는 크리에이터를 지원하는 서비스입니다. 크리에이터라고 하면 특별한 자격이나 인증이 필요할 거라 생각할 수도 있지만 아이디어만 있다면 누구나 크리에이터가 되어 아이템이나 월드를 구현할 수 있습니다. 제페토를 즐기고 있는 3억 명 이상의 전 세계 이용자에게 내가 만든 의상이나 맵을 공개한다고 상상해 보면 짜릿하지 않나요?

제페토 스튜디오는 2020년 3월 출시된 이후 일주일만에 2만 명이 참여해 1,300개 아이템을 등록했습니다. 다시 한 달 만에 6만 명이 참여해 2만 개 아이템을 등록했고 월 300만 원의 순수익을 창출한 크리에이터가 등장하기도 했습니다. 2021년 기준으로 150만 명이 참여해 500만 개 아이템을 등록했고 5,000만 개 판매가 이루어졌습니다. 정말 빠르게 늘어나고 있죠?

제페토 스튜디오에서는 크리에이터를 위한 4가지 콘텐츠 창작 방법을 제공합니다. 아이템, 월드, 빌드잇, 라이브로 구분되는데, 하나하나 간단하게 알아보겠습니다.

아이템

제페토 내 아바타가 착용할 수 있는 모든 부위의 패션 아이템을 제작할 수 있습니다. 말 그대로 머리부터 발끝까지 다양한 패션 아이템이 있습니다.

제페토 스튜디오에서 제작할 수 있는 아이템에는 머리띠/모자 등의 헤어웨어, 한 벌 의상, 상의, 하의, 외투, 네일 아트/잡화 등의 액세서리, 신발이 있습니다. 제페토 스튜디오는 누구나 부담 없이 패션 디자이너가 될 수 있도록 템플릿을 이용한 아이템 제작을 지원합니다. 템플릿은 미리 준비된 아이템 3D 모델을 의미하는데요. 원하는 템플릿을 선택하고 2D 이미지만 수정하면 나만의 아이템이 탄생하게 됩니다.

기본으로 제공되는 템플릿 외의 보다 개성 넘치는 아이템을 만들고 싶다면 3D 제작 도구에 대한 어느 정도의 지식이 필요합니다. 3D 콘텐츠 플랫폼인 유니티와 마야 등의 3D 모델링 프로그램을 활용해 상상력의 제한 없이 모든 아이디어를 제페토 아이템으로 구현할 수 있습니다.

※ 유니티(Unity)는 뭐지?

제페토 스튜디오를 설명하다 보면 유니티라는 단어가 나오게 됩니다. 기본적으로 제페토가 유니티 기반으로 제작되었기 때문입니다. 따라서 제페토 내에 아이템이나 맵을 제작하기 위해서는 유니티를 활용해야 합니다. 유니티는 2004년 덴마크에서 3명의 게임 개발자가 만든 3D 콘텐츠 제작 및 운영 플랫폼 기술입니다. 우리가 즐기고 있는 3D 게임 중 절반은 유니티로 제작되었을 정도로 널리 활용되고 있습니다.

유니티의 모토는 '게임 개발의 민주화'입니다. 기존 게임 제작 도구보다 누구나 쉽게 접근 및 게임을 만들 수 있도록 하겠다는 목적을 가지고 있습니다. 유니티 기반으로 제작된 제페토는 제페토 스튜디오를 통해 유니티의 이러한 장점을 바탕으로 이용자가 아이템이나 맵을 제작할 수 있도록 지원하고 있습니다.

월드

제페토 스튜디오는 제페토 맵을 제작할 수 있는 두 가지 방법을 제공합니다. 홈페이지를 만들 때 직접 코딩을 해서 만드는 것과 드래그 앤 드롭 방식으로 원하는 요소를 넣고 빼서 만드는 방법이 있는 것과 유사합니다. 월드는 코딩 방법으로 맵을 만드는 것이라고 할 수 있습니다.

코딩으로 맵을 만들 때의 가장 큰 장점은 제약이 적다는 겁니다. 새로운 3D 오브젝트를 만들어 사용할 수도 있고 원하는 동작이나 게임 요소를 적용할 수도 있습니다. 또 하나, 맵 내에 판매 가능한 상품을 배치할 수 있어 수익 창출이 가능합니다.

월드는 상상하는 세상을 맵으로 구현하는데 보다 큰 가능성을 제공하지만 유니티나 프로그래밍 언어에 어느 정도 익숙하지 않다면 접근하기가 쉽지는 않습니다. 진입장벽이 높다는 의미입니다. 따라서 누구나 쉽게 맵을 제작할 수 있도록 제페토 스튜디오에서는 빌드잇을 함께 제공하고 있습니다.

빌드잇

상상력과 마우스만 있다면 제페토 맵을 만들 수 있습니다. 쉽게 설명하자면 레고와 같다고 생각하면 됩니다. 미리 준비된 다양한 오브젝트가 있고 이런 오브젝트를 쌓고 배치해서 내가 상상하던 세상을 구현할 수 있습니다. 윈도우 또는 맥용 빌드잇 프로그램을 컴퓨터에 설치하고 실행하면 그래픽 인터페이스 방식을 통해 다양한 오브젝트를 활용하여 맵을 제작할 수 있습니다. 오브젝트는 대부분 완전한 형태로 제작되어 있기 때문에 단순히 배치만 한다고 생각해도 됩니다.

구성 요소로 사용하기 위한 오브젝트도 제공됩니다. 예를 들어 건물을 만든다고 했을 때 바닥, 벽면, 지붕, 창문 등의 구성 요소를 따로 제공하기 때문에 원하는 형태로 조합할 수 있습니다. 육각면체, 원뿔, 구 등의 기본적인 오브젝트도 있고 모든 오브젝트는 크기나 비율 등을 마음대로 조절할 수 있기 때문에 상상력을 발휘해 유니크한 오브젝트를 만들어 사용하면 얼마든지 개성 있는 맵 제작이 가능합니다.

라이브

생방송을 송출할 수 있는 라이브는 가장 최근에 업데이트된 기능입니다. 라이브 스트리밍이 다양한 분야에서 인기를 끌면서 제페토에서도 라이브 스트리밍을 지원합니다.

제공되는 방식은 유튜브나 인스타그램에서 라이브 방송을 하는 것과 유사합니다. 실제 내가 아닌 나의 아바타가 주인공이 된다는 점이 가장 다르다고 할 수 있습니다. 가상 인플루언서를 활성화하고 지원하기 위한 기능이라고 볼 수 있습니다. 아직은 베타 버전으로, 권한을 부여받은 이용자만 사용할 수 있지만 추후에는 누구나 참여할 수 있도록 제공될 계획입니다.

라이브에서 아바타가 멀뚱멀뚱 가만히 있으면 재미없겠죠? 그래서 라이브에서는 다양한 동작, 아이템, 배경을 제공합니다. 상황에 따라 이를 적절히 사용하면 보다 활동적이고 자연스러운 소통이 이루어질 수 있습니다.

라이브의 시청자는 채팅 창을 통해 호스트와 소통할 수 있고 선물 기능을 통해 후원할 수도 있습니다. 시청자가 제페토의 화폐인 젬을 소비해 선물을 보내면 화면에 이펙트가 표시되는 방식 등으로 표현되고 호스트는 선물받은 젬을 출금해 수익을 창출할 수 있습니다. 유튜버가 연예인 못지않은 인기를 누리고 있는 세상입니다. 머지않아 가상 인플루언서가 그 대열에 합류할 수 있을지 자못 기대가 됩니다.

02 제페토 빌드잇을 추천하는 네 가지 이유

제페토 빌드잇을 추천하는 이유는 크게 네 가지입니다.

첫 번째, 제페토 플랫폼의 매력도 때문입니다.

3D 아바타는 피부, 헤어, 눈, 코, 입, 얼굴형 등 커스터마이징할 수 있는 요소가 많아 개인

취향을 충분히 담을 수 있습니다. 아바타 패션과 아이템 등도 활동하는 크리에이터가 많아서 업데이트가 빠릅니다. 브랜드 프로모션이 활발하고 플랫폼 자체 퀘스트도 풍성하여 플랫폼이 살아 있는 느낌입니다. 스마트폰만 있으면 이용할 수 있어서 접근성이 좋습니다. 특히 네이버 자회사인 네이버 Z에서 운영하고 있고 지속적인 투자를 받고 있어서 앞으로 서비스 발전이 더욱 기대되는 플랫폼입니다.

두 번째, 제페토 빌드잇으로 제작된 3D 월드는 퀄리티가 우수합니다.

다른 툴의 도움 없이 오롯이 제페토 빌드잇으로 제작 가능합니다. 아직 없는 오브젝트들도 있지만 업데이트 주기가 빠릅니다. 지난 10월 31일 핼러윈 데이를 기념하여 각종 커스텀 의상과 오브젝트들이 업데이트되었고 겨울 시즌에는 아이스, 눈 덮인 나무 등 겨울 아이템들이 대거 업데이트되었습니다. 지형, 도로, 건물, 인테리어까지 모든 오브젝트들이 업데이트되고 있습니다.

세 번째, 사용법이 쉬운 툴입니다.

기본적으로 드래그 인&아웃으로 오브젝트 배치 및 이동이 쉽고 복사하기 등과 같은 다양한 문서 단축키를 제페토 빌드잇에서 그대로 사용할 수 있습니다.

네 번째, 모든 사람에게 평등한 툴입니다.

그림을 잘 그리는 금손이 유리하지 않습니다. 재능을 타고난 아티스트가 될 필요가 없습니다. 레고로 블록을 쌓아서 집을 짓는 것과 같은 원리로 작동하는 툴이기 때문에 잘 만들어진 오브젝트들을 한 칸 한 칸 쌓아서 건물을 올리면 됩니다. 레고로 만든 모델이 퀄리티가 높은 것처럼, 제페토 빌드잇에 올라와 있는 오브젝트로 만든 월드는 퀄리티가 보장됩니다. 평범한 사람이든 금손이든 모두가 손쉽게 사용할 수 있습니다.

메타버스에서 나만의 3D 공간을 만들려면 어디서 어떻게 시작해야 할까요? 뭘 배워야 할지, 노력은 얼마나 필요할지, 난이도는 어떠한지 궁금한 게 많습니다. 메타버스처럼 막 시작하는 분야는 물어볼 곳이 마땅치 않습니다. 그래서 새로운 분야는 시작 자체가 도전입니다. 어디서, 어떻게 시작할지 앞이 보이지 않으니까요. 이럴 때 누군가 '이것'을 '이렇게' 하면 된다고 딱 짚어서 알려주면 좋겠습니다. 우리가 그랬습니다. 그때 제페토 빌드잇을 만났습니다.

메타버스를 알게 되고 체험하고 메타버스 크리에이터가 되겠다고 결정, 제페토 빌드잇을 선택하기까지 고민한 것들을 도식화하면 다음과 같습니다.

시작을 위한 고민	➡	선택
창작자로 시작할 것인가?	➡	YES! 나도 메타버스 크리에이터
어떤 플랫폼에서 시작할 것인가?	➡	플랫폼 제페토에서 시작
어떤 창작 분야부터 시작할 것인가?	➡	월드맵 크리에이터로 시작
어떤 제작 툴로 시작할 것인가?	➡	제페토 빌드잇 에디터로 시작

이 책은 메타버스 크리에이터가 되고 싶고 초보자로서 시작점을 잡기 어려운 사람들을 위해 '제페토 빌드잇'을 딱 짚어 드리기 위해 썼습니다. 3D 디자인이나 코딩을 전혀 몰라도 쉽고 재미있게, 그리고 빠르게 3D 월드를 만들 수 있는 툴이기 때문입니다. 좀 더 구체적으로 제페토 빌드잇을 추천하게 된 과정을 정리해서 소개하도록 하겠습니다.

호기심 발동: "메타버스 속에 내 건물을 짓고 싶다!"
메타버스에 탑승하는 세 가지 방법이 있습니다.
첫 번째, 메타버스에 놀러 간다! 메타버스를 소셜미디어 채널 또는 게임으로 생각하고 시간이 남을 때 아바타로 들어가서 돌아다니고 게임을 한다. 구찌나 나이키와 같은 아이템을 유저로서 구매해 볼 수 있다.
두 번째, 메타버스에 일하러 간다! 직장인으로서 메타버스를 활용하여 교육이나 행사를 주최하고 아바타로 메타버스 회의에 참여하는 방법이다. 자사 브랜드 경험을 강화할 수 있는 메타버스 공간을 크리에이터에게 맡겨서 짓게 할 수도 있다.
세 번째, 메타버스에 창작하려고 간다! 직접 메타버스에 공간을 짓고 크리에이터로 활동하는 방법이다. 가상월드 제작뿐만 아니라 아바타 옷과 아이템 제작까지 할 수 있다.
처음에는 대개 메타버스가 무엇인지 궁금해서 사용해 보거나 회사에서 미션을 받고 자료를 찾아보며 알아봅니다. 그런데 아바타를 실제로 움직여 보고 가상월드에 방문해서 한바탕 써 보고 나면 '메타버스에 내 공간이 있으면 좋겠다'는 생각이 스멀스멀 올라옵니다. 원하는 대로, 생각한 대로 짓는 재미를 느껴 보고 싶은 생각이 듭니다. 이런 호기심이 발동한다면 크리에이터로 출발하기 좋은 신호입니다. 새로운 도전은 언제나 작은 호기심에서 시작하니까요.

플랫폼 비교: "어떤 메타버스 플랫폼에서 시작할 것인가?"

메타버스에서 뭔가를 꼼지락꼼지락 만들어 세상에 내놓고 싶다면, 가장 중요하고 어려운 선택이 남아 있습니다. 어떤 플랫폼에서 사용할 목적으로 창작을 할 것인지 결정해야 합니다. 메타버스 플랫폼은 꽤 많습니다. 메타버스 플랫폼마다 사용하는 제작 툴이 다르고 접속할 수 있는 디바이스도 제각각입니다. PC로 접속이 가능한 2D 아바타를 사용하는 게더타운, 스마트폰 기반으로 3D 아바타와 가상월드를 제공하는 제페토, VR헤드셋으로만 접근이 가능한 메타버스 플랫폼들도 있습니다.

어느 플랫폼에서 어떤 툴로 월드 제작을 시작할지 선택하려면, 그 많은 플랫폼을 다 써 보고 특징을 살펴서 비교 분석을 해야 합니다. 그렇게 하나하나 써 보고 나서 저는 제페토를 선택했습니다.

3D 제작 툴 발견: "제페토 빌드잇은 시작하기 쉽다!"

가상월드를 만드는 방법에는 두 가지 접근법이 있습니다.

첫 번째, 유니티와 언리얼, 3D블렌더, 틸트 브러시 등 3D와 VR을 제작할 수 있는 툴을 배워서 만드는 방법입니다. 이런 툴들을 처음부터 배워서 만든다면 오랜 시간이 필요하고 혼자 배우기도 쉽지 않습니다. 대신에 한 번 배워 두면 다양한 플랫폼에서 활용할 수 있습니다.

두 번째, 가상월드 제작을 도와주는 월드 제작 에디터 툴을 이용하는 방법입니다. 이런 툴들이 무료로 공개되어 있다는 것을 발견하고 뛸 듯이 기뻤습니다. 에디터 툴을 지칭하는 이름은 플랫폼마다 다르지만, 사용 설명서를 보고 따라 하면 초보자도 쉽게 접근할 수 있습니다.

킵고잉 크리에이터로 성장하기: "제페토 빌드잇은 시작점이다"

제페토 월드에서 시작했다고 하여 월드 제작에서 끝내지 말고, 점점 더 영역을 확장해 나가는 방법을 고민해야 합니다. 제페토 빌드잇은 시작점일 뿐입니다.

다음 세 가지 방법을 고려해 보세요.

첫 번째, 아바타 패션 디자이너로 확장한다. 제페토 스튜디오를 통해 아바타 패션&아이템을 제작하고 판매를 시작한다.

두 번째, 타 플랫폼으로 확장한다. 예를 들어 로블록스 스튜디오를 통해 로블록스에서 월드 제작을 시작한다.

세 번째, 3D 제작을 위한 고급 툴을 배운다. 유니티와 언리얼 등 디지털 월드 및 아이템 제작에 필요한 제작 툴을 배우기 시작한다.

성장을 위한 고민	➡	선택
창작자로 성장할 것인가?	➡	YES! 킵고잉 메타버스 크리에이터!
어떤 플랫폼으로 확장할 것인가?	➡	플랫폼 로블록스로 확장
어떤 창작 분야로 확장할 것인가?	➡	패션 아이템 크리에이터로 확장
어떤 제작 툴로 확장할 것인가?	➡	유니티와 언리얼을 배우기 시작

03 | 바로 지금이 제페토 크리에이터로서 유명해질 타이밍

크리에이터라는 단어를 들으면 창작하는 사람, 예술가, 아티스트가 떠오릅니다. 당신은 창의적인 사람이 아니기 때문에 크리에이터가 될 수 없다고 생각할 수 있습니다. 보통 창의적인 사람은 타고난 재능이 있고 이 재능을 바탕으로 크리에이터가 될 수 있다고 여깁니다. 하지만 우리 모두는 자기 자신만의 방식으로 창의적입니다. 우리는 모두 창의적으로 어린시절을 거쳐 왔습니다.

크리에이터라는 말은 유튜브와 함께 탄생하고 성장했다고 해도 과언이 아닙니다. 인기 있는 크리에이터가 인플루언서로 유명세를 얻게 되었듯이 메타버스에도 유명세를 떨치는 크리에이터들이 생겨나고 있습니다. 아직 기회가 많습니다. 바로 지금 시작하세요!

3부

메타버스
월드 제작을 위한
공간 설계
5단계 프로세스

본격적으로 제페토 맵 제작을 하기 위해 짓고 싶은
메타버스 공간을 설계해야 합니다.

이번 장에서는 메타버스 공간을 기획하고
설계하는 5단계 프로세스를 소개합니다.
한 단계씩 차근차근 따라해 보세요.

살고 싶은 집을 짓거나 회사의 신사옥을 짓는다면 뭘 준비해야 할까요? 땅을 사고 공간 설계를 한 후 외관 디자인과 내부 공간별 평면도를 그리면서 기획을 수정하고 발전시킬 겁니다. 그 다음에 실제 집 짓기 또는 건물 올리기를 시작할 거예요. 제페토 빌드잇으로 3D 월드를 짓는 과정도 건축과 비슷합니다. 제페토에 월드를 건축하는 첫 시작은 3D 공간에 대한 기획과 구체적인 설계도를 완성하는 과정입니다.

제페토 월드를 짓는 일은 하나의 세상을 창조하는 것과 같습니다. 새로운 세계를 만들어 가기 위해서는 준비해야 할 것들이 많습니다. 카페를 짓는다고 가정했을 때, 테이블과 의자 등 가구를 먼저 생각하는 경우가 대부분입니다. 이것은 카페가 어떤 콘셉트를 갖고 있고 어떤 사람들이 주로 오는지 등에 따라 많은 것이 달라집니다. 디자인, 색깔, 배치, 동선까지도요. 디지털 월드를 만들 때도 '공간 기획 설계'부터 시작해야 합니다.

당장 땅이 있어야 집을 짓고 건물을 올릴 수 있을 겁니다. 제페토 땅은 '제페토 빌드잇'을 설치하면 무료로 주어집니다. 제페토에 땅을 마련했으니 이제, 메타버스 건축 설계사가 된 당신이 나설 차례입니다.

여기서는 제페토 월드 건축의 기본 뼈대를 세울 수 있도록 도와주는 '메타버스 월드 제작을 위한 공간 설계 5단계 프로세스'를 소개합니다.

| Process 1. Visitors Definition
방문자 정의하기 | "월드맵을 방문할 가장 중요한 고객은 누구인가?"<br>"누구를 위해 월드맵을 만들고 운영하는가?" |

↓

| Process 2. World map Design
공간 설계하기 | "방문자들에게 적합한 공간 콘셉트와 테마는 무엇인가?"<br>"이 공간에서 어떤 이야기가 펼쳐지길 기대하는가?" |

↓

| Process 3. Experience Design
경험 설계하기 | "아바타가 구경하고 놀고 게임하는 과정을 설계한다면?"<br>"아바타에게 어떤 즐거운 경험을 제공하고 싶은가?" |

↓

| Process 4. Live Plan
라이브 기획하기 | "살아 있는 공간으로 만들 특별한 행사를 기획한다면?"<br>"참여도와 호응을 이끌어낼 만한 콘텐츠는 무엇인가?" |

↓

| Process 5. Rebuild Check
리빌드 체크하기 | "리빌드를 위해 고려해야 할 사항은 무엇인가?"<br>"모니터링을 위한 체크 리스트는 무엇인가?" |

02 | Process 1. Visitors Definition (방문자 정의하기)

"월드맵을 방문할 가장 중요한 고객은 누구인가?"

"누구를 위해 월드맵을 운영하는가?"

'방문자 정의하기'란 월드맵에 방문할 가장 중요한 고객을 설정하는 과정이며, 방문자들에게 방문할 목적과 동기를 찾아내는 과정을 말합니다. 뒤집어 말하면 우리는 누구를 위해 월드맵을 짓고 운영하고 있는지 운영 목적과 목표를 분명히 하는 단계입니다.

소셜프로그는 메타버스 교육센터를 제페토에 오픈하여 '아바타 트레이닝 센터'로 운영하고 있습니다. 이 센터는 처음부터 아바타 트레이닝을 목적으로 짓지는 않았습니다. 처음에는 제페토에서 어떤 월드맵을 만들어서 오픈할지 고민이 많았습니다. 먼저 오프라인에 짓고 싶은 교육센터를 제페토에 짓기로 결정하고 대회의실과 야외 강연장 그리고 휴식을 위한 식물원을 지었습니다. 이후 제페토 월드 체험 워크숍을 진행하면서 수백 명의 아바타들이 이 센터를 방문했습니다. 교육을 끝마치고 나서 아바타로 교육에 참여한 참가자들에게 설문지 조사를 하고 센터에서 움직이는 아바타 활동을 관찰해 보며 알게 되었습니다. 그들에게 진짜 필요한 교육은 아바타 트레이닝이었습니다. 메타버스 체험 워크숍을 통해 수집된 교육생들의 목소리를 정리해 보면 이런 이야기가 많았습니다. "아바타를 마음대로 못 움직이겠어요. 앞으로 반듯하게 걷고 싶은데 잘 안돼요. 계단을 점프해서 올라가고 싶은데 안돼요."

우리는 방문자 설정하기 단계를 통해서 방문자들이 제페토 센터를 방문하는 목적을 명확히 했습니다. 우리가 진행한 방법들을 플로우로 살펴보면 아래와 같습니다.

방문자 정의하기 전
오프라인 인터뷰
- 메타버스에서 필요한 교육센터가 무엇인지 인터뷰
- 일반적인 오프라인 강의장을 제페토에 짓는 작업
- 제페토 심사 등록 완료 후 [소셜프로그 메타버스 교육센터] 오픈

방문자 정의하기 과정
방문자 인터뷰
- 월드맵을 사용하는 동안 소감 및 활용법 인터뷰
- 월드맵에서 움직이는 아바타 행동을 관찰함
- 수업 종료 후 [별도 설문지]를 통해 관련 문의 진행

방문자 정의하기 후
방문자 인사이트 발견
- 메타버스에서 필요한 교육센터가 무엇인지 인터뷰
- 일반적인 오프라인 강의장을 제페토에 짓는 작업
- 제페토 심사 등록 완료 후 [아바타 트레이닝 센터]로 변경 운영

방문자 인사이트를 발견하기 위해 아래의 세 가지 포인트를 확인하세요.

Point 1.
아바타 1:1 인터뷰

Point 2.
방문자 설문 조사

Point 3.
아바타 관찰하기

Point 1 아바타 1:1 인터뷰: 제페토에서 뭘 하는지를 파악하라

연령이나 성별과 같은 인구통계적 관점으로 분석하면 방문자 인사이트를 얻기 어렵습니다. 메타버스 이용 목적과 향후 메타버스 활용 가능성, 메타버스 활용 난이도와 같은 사항들을 점검해야 합니다. 특히 월드맵을 방문하는 아바타들의 실제 행동, 활동을 관찰해서 방문자 인사이트를 발견하는 과정이 필요합니다. 처음 시작할 때는 월드맵이 없습니다. 이때는 비슷한 콘셉트의 월드맵을 방문하여 아바타 인터뷰 대상자를 찾아서 진행하는 방법이 있습니다. 제페토 월드맵 내에서 아바타 인터뷰를 진행해 보는 것도 좋습니다. 아바타와 아바타로 인터뷰하면서 제페토 관련 이야기를 묻는다면 좀 더 진솔한 답변들이 나올 수 있습니다.

Point 2 방문자 설문 조사: 이용 목적을 파악하라

제페토 이용 목적을 설문 조사하고 싶다면 아래 샘플을 변형해서 사용해 보세요. 아래 제시한 키워드인 '제페토' 대신에 구체적인 '월드명'으로 설문 조사를 진행하면 세부적인 조사를 할 수 있습니다.

제페토 이용 목적 설문 조사 예시

1. 제페토는 언제 시작했고 시작한 이유가 무엇인가요?
2. 제페토는 얼마나 자주 이용하시나요? 한 달 기준으로 볼 때 방문하는 횟수와 투자하는 시간을 대략 적어 주세요.
3. 제페토 방문 후 가장 먼저 무엇을 하나요? 구체적으로 알려주세요.
4. 방문한 제페토 월드 중에서 가장 기억에 남는 공간은 무엇인가요?
5. 제페토를 이용하면서 가장 만족했던 상황이나 경험에 대해 구체적으로 얘기해 주세요.
6. 제페토를 이용하면서 가장 불편했던 상황이나 경험에 대해 구체적으로 얘기해 주세요.
7. 제페토를 사용하는 만족도를 1점~100점까지 준다면 몇 점을 주고 싶은가요?
8. 제페토를 지속적으로 사용할 의향이 있나요? 예/아니오로 답해 주세요.
9. 위와 같이 답변한 이유는 무엇인가요?
10. 만약 제페토가 사람이라면 그 사람은 어떤 성향의 사람일 것 같나요? 유명인에 빗대거나 패션, 외모, 성격 등을 설명해도 좋습니다.

아바타가 월드맵에서 자유롭게 활동하는 모습을 관찰합니다. 어떤 행동을 하는지, 어떤 불편함을 느끼는지 조사하는 방법입니다. 아바타가 활동하는 모습을 관찰하면서 화면 캡처를 통해 이미지를 모아 보세요. 어떤 공간에서 어떤 동작을 했는지 사진 콜라주를 만들면 한눈에 아바타 활동을 파악할 수 있습니다.

Check Point | **제페토 월드는 10대를 타깃으로 해야 하나요?**

개인적인 용도로 메타버스 월드맵을 짓는다면 방문자를 선정하기 쉬울 거예요. 하지만 기업이나 비즈니스 목적이라면 고려해야 할 사항이 있습니다. 바로 제페토와 같은 메타버스 주 타깃은 Z세대로 불리는 10대들입니다. 메타버스에서 방문자를 정의할 때 메타버스의 현재 사용자인 10대만을 타깃으로 해야 하는 건지 고민이 될 수 있습니다.

기업에서 활용하는 경우라면, 두 가지 관점에서 제페토 월드를 바라보세요.

첫 번째, 미래 고객인 10대를 타깃으로 접근하는 방법입니다. 10대 타깃이 아닌 브랜드와 기업들이 제페토에 월드를 구축하여 운영하고 있습니다. 2021년 1월 말 기준으로 'ZEPETO 인기 공식 월드'에는 구찌부터 현대자동차까지 59개 월드맵이 올라와 있습니다. 이 기업들의 브랜드가 현재 10대 타깃은 아니지만, 미래 고객으로서 지금부터 메타버스에 거점을 마련하여 그들과의 브랜드 릴레이션십을 구축해 나가고 있습니다.

두 번째, 메타버스에 거점 마련을 목적으로 구축하는 방법입니다. 현재 유튜브는 10대부터 60대까지 전 세대를 아우르는 플랫폼으로 거듭나는데 불과 몇 년의 시간밖에 걸리지 않았습니다. 제페토와 같은 메타버스에 거점을 마련해 놓고 지속적으로 관리해 나가면서 저변을 확대하는 전략이 필요합니다.

---

03 | Process 2. World map Design (공간 설계하기)

"방문자들에게 적합한 공간 콘셉트와 테마는 무엇인가?"

"이 공간에서 어떤 이야기가 펼쳐지길 기대하는가?"

'공간 설계하기'란 공간 콘셉트와 테마를 설정하고 공간에 들어갈 구성 요소를 구체적으로 규정, 이를 바탕으로 평면도 레이아웃을 그리고 아바타가 활동할 동선을 설계하며 세계관을 정립하는 일련의 과정을 포함한 설계를 말합니다.

완성도 높은 공간 설계를 위해 아래 네 가지 포인트를 고려하세요.

Point 1 Type & Theme: 공간 테마 설정하기

집, 회사, 카페처럼 각각 공간에는 이름과 이용 목적이 있습니다. 월드도 마찬가지입니다.
어떤 목적으로 이용되는 공간인지 테마를 파악합니다. 인테리어에 따라 집의 콘셉트가 달라
지는 것처럼, 공간 테마를 설정하는 것이 필요합니다.

메타버스에서 자주 사용하는 테마는 크게 6가지로 나눠 볼 수 있습니다.

- **집 관련 공간:** 누구나 드림하우스 하나쯤은 있을 것입니다. 숲속 주택일 수도 있고 고층
  건물일 수도 있겠죠.

- **회사 관련 공간**: 메타버스에 오피스를 만들 수 있습니다. 아바타로 출근하고 회의하는 공간입니다.
- **행사 및 브랜드 공간**: '올해부터 회사 행사는 메타버스에서 진행합니다!'라는 공지가 올라오는 시대입니다. 브랜드 체험존을 만들어서 아바타로 체험해볼 수 있습니다.
- **힐링 라이프**: 해외 여행을 못 간다면 메타버스에서 해외 여행을 가고 친구들과 야간 캠핑장에서 만나 귀뚜라미 소리를 들으며 이야기를 나눌 수 있습니다. 물론 아바타로 말이죠.
- **상상/창작된 스토리**: 유명한 영화의 장면 속으로 들어가 보고 싶다는 생각을 해본 적 있으시죠? 아바타가 들어갈 수 있는 제페토 월드를 만들 수 있습니다.
- **게임 관련**: 제페토 월드에 점프맵을 만들 수 있습니다. 달콤한 아이스크림 또는 책 등 소재는 무엇이든 가능합니다.

Point 2 Object & Color: 공간 구성 요소 규정하기

공간 테마를 설정했다면 공간에 들어갈 구성 요소를 규정해 보세요. 공간은 텅 비어 있습니다. 무엇으로 채우느냐에 따라 공간의 역할이 달라집니다. 공간을 어떻게 활용할지 정하면서 필요한 물건들을 선정하는 과정입니다. 이 과정이 어렵다면 제4부를 참고해 보세요. 총 33개의 제페토에서 활용하기 좋은 공간 구성 요소를 키워드로 기입하고 컬러 사진과 함께 준비한 벤치마킹 자료가 있습니다.

메타버스에 주택을 짓는다고 하면 어떤 공간이 필요하고 공간별 구성 요소는 무엇이 있을까요? 잘 지어진 주택 마당에 들어갔다고 상상해 보세요. 대문을 열고 마당에 들어가니 아담한 정원에 옹기종기 조그마한 나무들과 키 작은 꽃들이 심어져 있습니다. 현관문을 열고 들어가면 거실이 펼쳐지고 TV와 소파가 놓여 있습니다. 거실에 큰 책장을 벽에 짜서 넣어 도서관과 같은 분위기를 연출할 수도 있습니다. 부엌에는 식탁 테이블과 의자가 놓여 있고 그 뒤로 싱크대와 냉장고가 보입니다. 안방에는 침대와 옷장이 있습니다. 이처럼 공간별 구성 요소를 정하고 나서 오브젝트의 디자인과 컬러를 선정합니다. 메타버스에 집을 짓는 과정은 실제 오프라인의 집 짓기 과정과 비슷할 것입니다.

오프라인에서 봤던 익숙한 콘셉트의 집을 지을 수도 있지만, 상상 속의 집을 세울 수도 있습니다. 소파도 가구도 없는 이상한 물건들만 잔뜩 있는 공간일 수도 있습니다. 벽지와 바닥을 온통 하늘색으로 장식해서 시공간을 초월한 듯한 실내 인테리어를 만들 수 있습니다. 무엇을 상상하든 원하는 대로 만들 수 있는 세계입니다.

제페토 월드에서 인기가 많은 공간은 교실입니다. 실제 학교 교실을 그대로 옮겨온 듯한 공간 요소로 꼼꼼하게 구성되어 있습니다.

· **월드명**: 교실

· **크리에이터**: ZEPETO korea 제희

· **2022년 5월 말 기준 최근 방문 수**: 744K

· **2022년 5월 말 기준 누적 방문 수**: 89.3M

· **오픈일**: 2021년 3월 1일

공간 1. 교실 실내

· **공간 구성 요소**: 책상, 의자, 사물함, 칠판, 유리창, 선생님 자리, 책상과 책장, TV 스크린

· **주요 컬러**: 교실 바닥(yellow), 사물함(white, blue), 칠판(dark gray), 벽(white)

공간 2. 과학실 실내

- **공간 구성 요소:** 긴 책상, 지구본, 실험 도구, 현미경, 싱크대, 의사 복장을 한 해골
- **주요 컬러:** 교실 바닥(gray), 책상/칠판(dark gray), 문(blue), 벽(white)

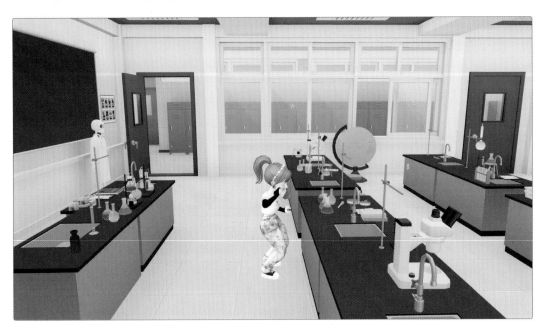

공간 3. 교실 복도

- **공간 구성 요소:** 긴 사물함, 학생 의자 2개, 자판기, 식물, 작은 유리창
- **주요 컬러:** 긴 사물함/문(blue), 교실 바닥/벽(gray)

공간 4. 지하 매점

- **공간 구성 요소:** 식당 의자, 간이 테이블, 각종 음식, 벽 글씨, 벽에 붙은 포스터
- **주요 컬러:** 각종 음식(colorful), 식당 의자(green), 간이 테이블(purple), 벽/바닥(gray)

Layout: 평면도 레이아웃 그리기

평면도는 방 크기와 창문의 위치 그리고 물건들의 배치까지 한눈에 볼 수 있게 정리한 스케치입니다. 공간 구성 요소를 규정했다면 평면도로 완성하는 과정이 필요합니다. 오브젝트들을 어디에, 어떻게 배치할지 하나씩 정리해 보세요. 평면도 레이아웃을 통해 외부 공간과 내부 공간 전체를 한눈에 보기 좋게 정리할 수 있습니다.

소셜프로그에서 기획한 월드명 '소셜프로그 메타버스 교육센터' 사례를 바탕으로 외부 공간과 내부 공간을 구성하고 평면도 레이아웃이 어떻게 실제 제페토 월드맵으로 제작되었는지 아래에서 차근차근 소개합니다.

(1) 전체 평면도 그리기

전체 공간을 평면으로 옮겨 와 공간 구성을 작성하는 평면도를 그리기 위해서 실내 공간과 실외 공간으로 나눠 러프 스케치를 간략하게 진행합니다. 러프 스케치는 월드맵 제작 시 가장 중요한 기초 단계라고 볼 수 있습니다. 구체적인 평면도는 이러한 공간 구성도를 바탕으로 실제 공간 사이즈를 계획하면서 평면도에 반영하는 과정을 갖습니다.

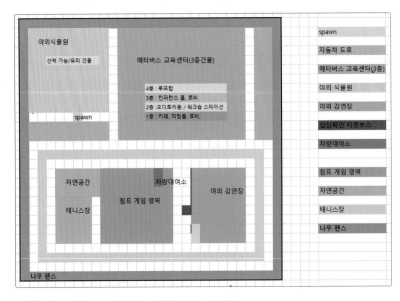

⊖ 월드명: 소셜프로그 메타버스 교육센터 러프 스케치

이러한 평면도를 바탕으로 실제로 제작된 제페토 월드맵은 아래와 같습니다. 참고로 전경 사진은 아바타 시선으로 볼 수는 없습니다. 제페토 빌드잇에 들어가서 시야를 변경해 가면서 적합한 화면을 캡처한 것입니다.

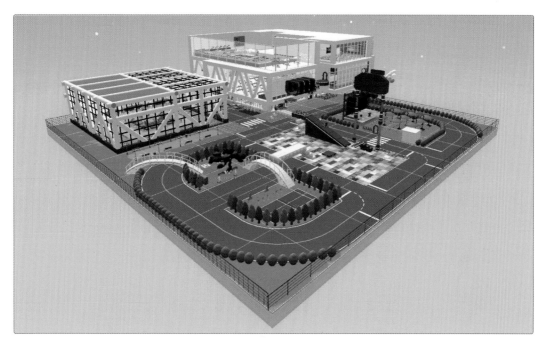

⊖ 월드명: 소셜프로그 메타버스 교육센터 전체 전경 이미지

(2) 실내 공간 인테리어 콘셉트

실내 공간은 별도로 하나씩 평면도를 구성하고 월드맵 제작에 들어갑니다. 실내 공간 인테리어 콘셉트는 테마 스타일과 실제 들어갈 오브젝트로 나눠 비주얼 레퍼런스를 함께 정리하면 도움이 됩니다. 교육센터의 로비를 구성한다고 할 때 안내 데스크와 노트북 모니터가 필요합니다. 배치는 어떻게, 어떤 분위기의 어떤 재질로 구성할지 사진 검색을 통해 비주얼 레퍼런스를 작성하면서 2~3개의 최종 후보를 선정합니다. 다른 요소들과 조화를 생각해서 최종 1개로 선정하는 과정을 갖습니다.

내부 공간 인테리어에서 큰 공간을 차지하는 바닥, 벽, 천장은 모양이나 패턴보다 컬러 선택이 더욱 중요합니다. 바닥이 어두운 갈색, 벽이 회색 계통이라면 전체적인 공간은 어둡게 보입니다. 그렇다고 흰색만 사용한다면 바닥과 벽, 천장이 구분되지 않습니다. 공간마다 메인 컬러를 선정하고 컬러의 연하기와 진하기를 조정해서 3차원 공간을 구분하면 좋습니다. 벽과 천장의 경계선, 바닥과 벽의 경계선은 원래 색보다 조금 더 진한 색으로 테두리를 둘러서 공간 구분을 명확하게 해줍니다. 내부 공간 인테리어를 설계하는 단계에서는 공간의 배경이 되는 메인 컬러를 정해 놓으면 오브젝트를 배치할 때 용이하니 참고하세요.

바닥에는 의자와 테이블 오브젝트가 함께 사용되니 연결 컬러에 주의를 주며, 벽에는 문과 밖을 내다볼 수 있는 창문의 위치와 크기 설정이 중요합니다. 특히 액자를 걸 생각이라면 벽 컬러와 사이즈 선정에 주의가 필요합니다.

(3) 외부 공간 레이아웃 설계

외부 공간 레이아웃을 구성할 때 전체 사이즈에서 주요 건물과 주요 야외 공간을 설정하고 도로를 어떻게, 어떤 사이즈로 넣을지 고민해야 합니다. 자동차 도로인지, 아바타가 다니는 산책로인지에 따라 도로의 사이즈와 굴곡 정도가 달라집니다. 자동차 도로일 경우 길이 좁고 굴곡이 심하면 운전이 어려우니 주의하세요. 건물과 건물, 야외 공간과 야외 공간을 연결하는 다리를 설계하면 아바타가 빠르게 이동하는 데 도움이 됩니다.

외부 공간 설계 시 공간 전체를 감싸는 펜스 구성이 필요합니다. 펜스를 설정하지 않으면 아바타가 공간 밖으로 떨어질 수 있습니다. 큰 나무 길을 놓아서 산책로를 만들고 펜스를 이용하는 방법도 있으니 활용해 보세요.

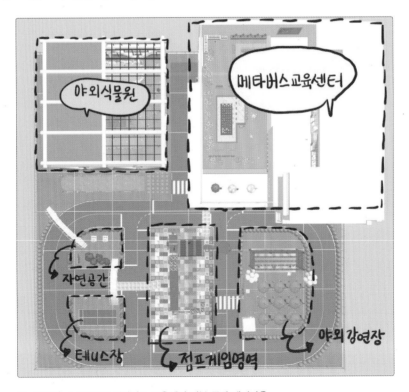

⊙ 월드명: 소셜프로그 메타버스 교육센터 외부 공간 레이아웃

(4) 공간 구성 요소와 제페토 빌드잇 오브젝트 매칭하기

제페토 빌드잇에서 찾은 오브젝트들의 특징을 간략하게 정리하여 활용 범위를 조정하였습니다.

이름	Thundercloud	Full Moon	Full Moon	Rainbow
카테고리	Env	Env	Env	Env
비고	주기적으로 번개침			

이름	Ghost Fire	Ghost Fire	Fountain Water	Fountain Water
카테고리	Env	Env	Env	Env
비고	불타오르는 모션	불타오르는 모션	물 솟아 오르는 모션	물 솟아 오르는 모션

* 제페토 빌드잇 오브젝트와 활용할 카테고리 선정하기

Point 4 Avatar View: 아바타 시야/동선 설계하기

월드맵을 기획할 때 아바타 시야에서 동선을 설계하는 것이 필요합니다. 예를 들어 포토존을 만들었는데 아바타 키에 맞춰져 있지 않다면 애써 만든 포토존은 무용지물이 됩니다.

다음은 블핑하우스에 마련된 오픈된 공간입니다. 블랙핑크 액자 앞에 크고 넓은 공간이 있어서 누울 수 있게 되어 있는데, 아바타의 기본 키와 정확히 일치합니다. 안정적으로 누워 있으니 편안해 보입니다.

→ 월드명: 블핑하우스

　다음은 캠핑 주제의 월드에서 찍은 아바타 셀카입니다. 이미지에 적혀 있는 번호대로 간략하게 설명하도록 하겠습니다. ①위치에는 작은 식물들로 높지 않게 구성하여 앞쪽이지만 크게 시선을 붙잡지 않습니다. ②위치에는 모닥불이 배치되어 있습니다. 앞에 아바타가 눕기 충분한 공간을 구성해 놓았습니다. ③위치에는 삼각형 레이아웃으로 캠핑카와 텐트 그리고 그 앞에 모닥불을 배치하여 안정적으로 보입니다. ④위치에는 나무들로 만들어진 정돈된 스카이라인이 보입니다. 아바타가 누워서 사진을 찍었는데 전체적으로 안정적입니다. 아바타의 시야에서 오브젝트들의 크기가 정돈되고 오브젝트들이 계단식으로 배치되면서 그림 같은 한 장의 사진이 완성되었습니다.

⊖ 월드명: 캠핑

실제로 우리가 살아가고 있는 오프라인 공간을 막상 만들려고 하면 잘 생각이 나지 않습니다. 신호등이 서 있는 사거리를 제페토에 만든다고 생각해 보세요. 사거리와 건널목 표시를 만들고 신호등을 만들면 되지만, 구체적인 부분들은 잘 떠오르지 않아요. 따라서 만들고자 하는 공간 테마, 공간 구성 요소, 컬러, 레이아웃 등을 벤치마킹할 수 있도록 비주얼 가이드북을 만들길 권합니다.

비주얼 레퍼런스는 인터넷 검색을 통해서 찾을 수 있고 실제 오프라인 공간을 메타버스에 옮겨오는 거라면 사진 출사를 나가는 방법이 있습니다. 비주얼 레퍼런스에는 이미지, 사진, 스케치, 그래픽 등을 다양하게 제작할 수 있습니다.

04   Process 3. Experience Design (경험 설계하기)

"아바타가 구경하고 놀고 게임하는 과정을 설계한다면?"

"아바타에게 어떤 즐거운 경험을 제공하고 싶은가?"

'경험 설계하기'란 아바타가 월드맵에 입장한 순간부터 퇴장할 때까지 다양한 경험을 할 수 있도록 활동과 동선을 설계하는 일련의 과정을 말합니다.

Point 1.
Play
놀거리를 만들어라

Point 2.
Game
쉬운 게임을 설계하라

Point 3.
Brand Experience
브랜드 경험을 제공하라

Point 1 Play: 놀거리를 만들어라

방문자들은 메타버스에서 무엇을 하려고 몰려드는 걸까요? 이에 대한 현답을 얻기 위해 한 가지 질문을 드리도록 하겠습니다. 지금 머릿속으로 당신이 가장 좋아하는 공간을 떠올려 보세요. 사람들마다 머릿속에 떠오르는 공간이 다를 거예요. 저는 카페를 좋아합니다. 카페에 앉아 커피 한 잔을 들고 창밖을 바라보며 책을 읽기도 하고 글을 쓰기도 하는 시간을 즐깁니다. 혼자 가도 좋고 여럿이 수다를 떨어도 좋은 공간이 카페입니다. 메타버스에 카페가 있다면 어떨까요? 아바타가 내 대신 카페에 가서 커피를 마십니다. 아바타가 바라보는 멋진 풍경을 보면 힐링이 따로 없습니다. 바로 메타버스를 하는 이유의 첫 번째 답이 여기에 있습니다. '메타버스에 놀러 가는 사람들'이 많다는 것입니다. 메타버스에서 아바타에게 놀거리를 제공해 주세요. 경험 설계의 첫 단추는 놀거리 제공하기입니다.

가을이 오면 단풍 구경 가는 사람들로 고속도로가 붐빕니다. 제페토의 포시즌 카페는 가을이 되면 단풍으로 물듭니다. 다음은 단풍잎을 타고 날아가는 아바타의 모습입니다. 메타버스 체험 워크숍 시간에 교육생이 직접 단풍잎을 타고 날아가는 셀카를 찍어서 보냈습니다. 메타버스이기 때문에 가능한 뷰가 아름답습니다.

⊝ 월드명: 포시즌 카페(가을 버전)

물리를 이용한 놀거리를 만들어 보세요. 아래 예시처럼, 씨름판과 같이 모래를 깐 다음 모래 위에 축구공과 비치볼을 놓고 양쪽에 작은 골대를 만들었습니다. 아바타는 공을 발로 차서 골대에 넣는 간단한 놀이를 할 수 있습니다. 친구와 함께 들어가서 할 수도 있습니다.

⊝ 월드명: 친환경 에너지 플레이 월드(한국동서발전)

아바타는 날아다니고 공을 차는 것 말고도 기본적으로 수영을 하고 자동차를 운전할 수 있습니다. 제페토에서 아바타에게 제공하는 기본 기능이 많습니다. 때로는 아이템을 구매해야 가능한 것도 있습니다. 스케이트보드는 유료로 구매해야 합니다. 하지만 비용이 그다지 크지 않으니 오프라인에서 할 수 없는 특별한 경험을 아바타가 할 수 있도록 브랜드 경험을 넣어 보세요.

Point 2 **Game: 쉬운 게임을 설계하라**

2022년 1월, 제페토 인기맵 TOP10 중에서 게임을 하는 월드는 몇 개인지 찾아보았습니다. 먼저 '점프'라는 단어가 들어간 '점프마스터, 달콤한 디저트 점프맵' 게임이 눈에 띕니다. 점프맵 게임이란 아바타가 점프하면서 미션을 수행하는 게임입니다. 보통 위로 올라가거나 옆으로 이동하는 형태로 구성되어 있습니다. 그리고 방탈출 게임, 오징어 게임(Squid Games)과 오징어 게임 중 다리 건너기 게임(Squid Bridge)이 보입니다. 자각몽이란 월드를 방문해 보니 점프맵이 크게 자리 잡고 있네요. 10개 중 6개는 쉽게 참여 가능한 게임을 할 수 있는 월드로 보입니다.

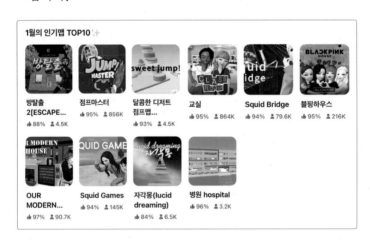

제페토 메인에서 어떤 맵을 밀고 있는지 2022년 1월 말 기준 메인 화면을 소개합니다.

월드라는 메뉴에 들어가서 스크롤을 아래로 내려 보면 '새해 복 많이 받으세요'라는 맵 카테고리가 보입니다. 2022년 2월 1일 설날이라는 특수한 상황이 반영되었습니다. 이렇게 메인 화면은 수시로 변경되면서 트렌드를 반영하고 있습니다. '뭐지..꿈인가?'라는 맵 카테고리가 새롭게 생겼고 '오징어 게임에 참가하시겠습니까?'라는 맵 카테고리는 지난 해부터 메인에서 밀리지 않고 버티고 있습니다. 제페토에서 밀고 있는 맵 카테고리들을 주목해 보세요.

그중에서 점프맵은 활용하기 좋은 아이템입니다. 무엇이든 점프맵의 받침대로 사용될 수 있습니다. 브랜드와 관련된 소재들도 받침대를 만들 수 있습니다. 다음은 점프맵 중에서 가장 인기가 많은 점프마스터입니다. 처음에 들어가면 대기 화면이 나옵니다. 상단에 시계가 표시되는데 숫자가 점점 줄어들면서 0이 되면 굳게 닫힌 문이 열리면서 아바타가 자동으로 아래로 내려가고 게임이 시작됩니다.

점프마스터의 받침대는 자주 변화가 있습니다. 이번에 들어갔을 때는 행성들로 만들어져 있었습니다. 위로 올라가기만 하는 단순한 규칙이지만, 초보자에겐 어려울 수 있습니다. 점프맵을 기획할 때는 난이도 설정을 고려하세요.

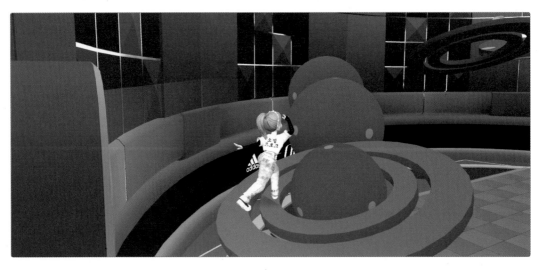

⊖ 월드명: 점프마스터

제페토에서 할 수 있는 게임은 아이디어가 필요합니다. 아바타가 위로 점프하는 기능을 활용하여 점프맵을 만들었던 것처럼, 아바타가 걷고 뛰고 이동할 수 있는 기능을 활용하여 OX 퀴즈를 진행할 수 있습니다. 인터렉션이 가능한 오브젝트 중에 의자가 있습니다. 이것을 응용하여 의자 먼저 앉기 게임을 기획할 수 있습니다. 더 나아가 미로를 만들고 탈출하는 미로 탈출 게임을 기획할 수도 있습니다. 이외에도 더 많은 아이디어를 떠올릴 수 있습니다. 방에

힌트를 숨겨 놓고 그것을 찾아야 나갈 수 있는 방탈출 게임, 공간 곳곳에 아바타가 숨고 술래가 찾는 숨바꼭질 게임, 공간 구석구석에 보물을 숨겨 놓고 찾는 보물 찾기 게임, 보물을 그림으로 설정하고 인증샷으로 선정하는 숨은 그림 찾기도 가능합니다. 넓고 큰 운동장과 같은 공간을 만들어 놓고 '무궁화 꽃이 피었습니다'와 같은 게임도 할 수 있답니다.

Point 3 Brand Experience: 브랜드 경험을 제공하라

메타버스에서 브랜드 경험을 설계하고 월드맵으로 구축하는 과정은 고려해야 할 것이 많습니다. 여기서는 현재 제페토에서 활용되고 있는 몇몇 브랜드 경험 사례를 소개합니다. 이를 바탕으로 창의적인 아이디어를 떠올려 보길 바라요.

오프라인 공간을 메타버스로 가져온다

오프라인에 공간을 가지고 있는 기업들은 메타버스로 공간을 옮겨와 보는 건 어떨까요? CGV는 2022년 1월 28일, 제페토에 메타버스 영화관을 오픈했습니다. 오프라인 공간과 비슷한 느낌으로 제작하고 아바타가 팝콘을 손에 쥘 수 있게 인터렉션을 만들어 놓았습니다.

⊙ 월드명: CGV

오프라인의 브랜드 사용 환경을 메타버스에 구현한다

　제품 카테고리와 어울리는 공간을 메타버스에 옮겨오고 그 공간에서 브랜드 경험을 제공하는 방법이 있습니다. 예를 들어, 패션 제품을 판매하는 공간을 만들어 패션 제품을 아바타가 입어 보고 구매도 할 수 있게 구성하는 것입니다. 구찌는 제페토에 Gucci Villa를 오픈하여 시즌 상품과 동일한 패션으로 아바타 의상을 만들어 판매합니다. 해당 시즌이 끝나면 그 제품의 판매도 종료되기 때문에 리미티드 에디션이 됩니다.

　삼성전자는 가전제품을 주로 사용하는 공간인 집을 메타버스에 만들고 자사의 제품을 배치하는 방법으로 2022년 1월 5일, 제페토에 '마이하우스'라는 월드를 오픈했습니다. 마당에서 부터 시작하여 방문을 열고 안으로 들어가면 아담하지만 알찬 드림하우스를 경험할 수 있습니다. 마이하우스는 실내 인테리어 색깔을 변경할 수 있는 편집 모드를 제공하니 방문해서 체험해 보세요.

⊖ 월드명: 마이하우스(삼성전자)

제품 카테고리와 관련성 있는 경험을 메타버스에 구현한다

　제페토에는 2020년 11월 12일 오픈한 한강 공원점이 있습니다. 2021년 8월 11일에는 CU 편의점도 생겼습니다. 소셜프로그가 운영하는 '메타버스 체험 워크숍'에는 단체로 제페토 한강 공원에 놀러 가서 함께 노는 프로그램이 있습니다. CU편의점에서 아바타가 라면을 먹고 단체로 인증샷도 찍습니다. 제페토 한강공원에는 지하철을 탈 수 있는 입구가 있는데 들어가면 지하철 월드맵으로 이동합니다. 월드와 월드가 연결된 경우가 많지 않은데, 그중 하나입니다. 지하철에도 CU편의점이 입점되어 있습니다. 아래 사진은 교육에 참가한 참가자들이 한 줄로 서서 플래시몹을 하는 장면입니다. 가운데 CU편의점 직원 옷을 입은 아바타가 바로 저입니다.

⊖ 월드명: 지하철

수시로 지하철이 들어오는데 지하철 문이 열리면 지하철을 탈 수 있습니다.

⊖ 월드명: 지하철

자동차 기업은 자동차 경주 대회를 후원하는 활동을 합니다. 제품 카테고리와 행사 속성 간의 적합성이 높기 때문에 브랜드 인지도와 브랜드 연상을 높이는데 기여합니다. 메타버스에서도 이렇게 적합성이 높은 공간을 만들고 구현할 수 있습니다. 현대자동차는 2021년 소나타 신차 출시에 맞춰서 소나타 4대 중 하나의 디자인을 선택해서 자동차 경주 대회에 참여할 수 있는 '드라이빙존'을 열기도 했습니다.

엔터테인먼트와 영화는 기본적으로 메타버스와 잘 어울린다

아바타가 춤을 추는 엔터테인먼트와 인상적인 장면들이 많은 영화도 기본적으로 메타버스와 잘 어울립니다. 디즈니 애니메이션 '미녀와 야수'에 등장하는 대형 계단은 동화적인 분위기를 연출하여 방문자에게 특별한 경험을 줄 수 있습니다. 친구들과 상황극을 하거나 드라마의 한 장면으로 연출도 가능해서 활용도가 높습니다.

⊖ 월드명: 미녀와 야수

브랜드 콘셉트에서 출발한 상상의 공간을 메타버스에 구현한다

2021년 7월 16일, 제페토에 오픈한 갤럭시 하우스는 우주라는 콘셉트를 구현한 사례입니다. 검은색 화면에 네온으로 구성된 스테이지가 보입니다. 우주라는 망망대해를 여행하는 콘셉트를 구현했습니다.

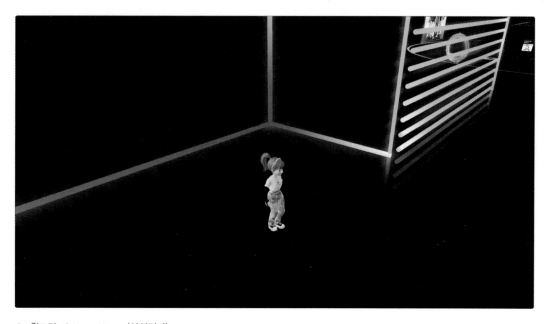

⊖ 월드명: Galaxy House(삼성전자)

공통 사항: 메타버스에 게임하러 오는 아바타를 위한 공간을 만든다

메타버스를 이용하는 대부분은 놀러 오는 사람과 게임하러 오는 사람입니다. 이런 타킷을 위한 공간을 만들어 보세요. 공통적으로 점프맵은 월드에 넣기 좋은 아이템이니 적극적으로 활용하도록 합니다. 갤럭시 하우스는 2021년 11월 30일 리뉴얼하면서 점프맵의 난이도를 높였습니다. 점프맵 정상에 올라가면 스릴 만점 슬라이드를 탈 수 있다고 합니다.

⊖ 월드명: Galaxy House(삼성전자)

| 05 | Process 4. Live Plan (라이브 기획하기) |

"살아 있는 공간으로 만들 특별한 행사를 기획한다면?"
"참여도와 호응을 이끌어 낼만한 콘텐츠는 무엇인가?"

'라이브 기획하기'란 메타버스에 월드맵을 오픈, 실시간 라이브로 다양한 행사를 기획하고 운영하는 일련의 모든 과정을 말합니다.

참여와 호응을 이끌어 내는 특별한 행사를 기획하라

제페토에 '소셜프로그 메타버스 교육센터'를 오픈하고 라이브 워크숍으로 아바타 트레이닝 교육을 운영하고 있습니다. 아바타 트레이닝은 (1) 트랙 달리기 체육 대회 (2) 자동차 경주 대회 (3) 쉬는 시간 미션 (4) 점프맵 어워드 (5) 어워드 시상식으로 구성되어 있습니다.

(1) 트랙 달리기 체육 대회

작은 스마트폰을 사용해서 아바타를 조정하기가 쉽지 않습니다. 이를 위한 첫 번째 아바타 트레이닝은 트랙 달리기입니다. 교육에 참가한 방문자들이 떼를 지어서 트랙 달리기를 진행하는 모습은 장관입니다. 트랙을 달리면 안전하게 달리기 연습을 할 수 있어 마음이 편하고 빠르게 달릴 수 있어서 실제로 아바타 조정 실력을 쉽게 올릴 수 있습니다.

(2) 자동차 경주 대회

달리기를 끝낸 아바타는 이제 자동차 운전에 도전합니다. 제페토 빌드잇에서 기본적으로 제공하는 자동차를 타고 운전대를 잡습니다. 트랙을 안전하게 돌면서 운전 연습을 진행합니다. 연습이 끝난 팀들은 자동차 경주 대회를 진행하기도 합니다.

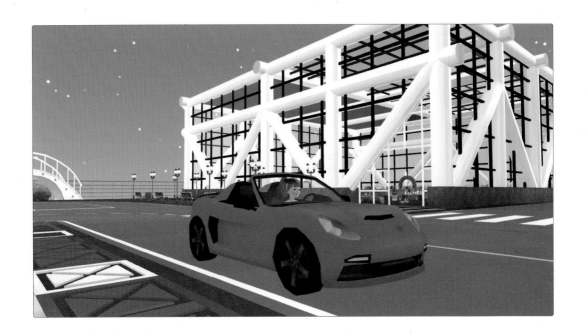

(3) 쉬는 시간 미션

쉬는 시간에는 아바타 눕기 기능을 사용하는 연습을 합니다. 아바타로 뛰고 운전까지 할 줄 아는 사람도 누울 줄은 모릅니다. 아래 사진처럼 정확한 위치에 눕는 훈련을 진행합니다.

(4) 점프맵 어워드

이제 점프맵에 도전할 때입니다. 위로 올라가는 미션을 수행하며 제일 먼저 점프맵 정상에 올라가는 사람이 이기는 게임입니다.

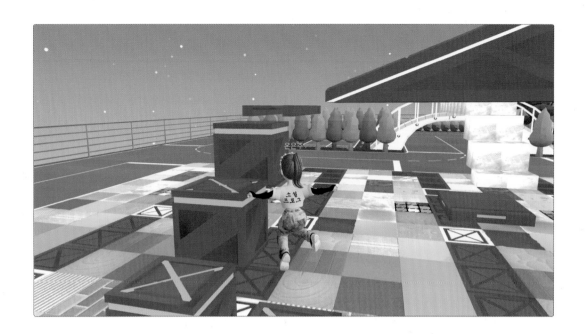

(5) 어워드 시상식

점프맵 어워드에서 우승자가 생겼습니다. 야외 강연장으로 이동해서 시상식을 합니다. 시상자는 무대에 올라오고 다른 사람들은 아래에서 격려하면서 아바타 트레이닝 교육이 마무리됩니다.

| Check Point | 소셜프로그 메타버스 교육센터 방문하는 법 |

제페토 앱을 열고 홈 화면에서 [돋보기] 아이콘을 찾습니다. 검색어로 '소셜프로그'를 입력하면 [소셜프로그 메타버스 교육센터]를 찾을 수 있습니다.

소셜프로그 메타버스 교육센터

👍 **81%** (16)
최근방문수 6, 누적방문수 1.1K

🧑 별공주님 외 **5**명의 친구가 이 월드를 좋아해요!

☆   플레이   ≡

06 | Process 5. Rebuild Check (리빌드 체크하기)

"리빌드를 위해 고려해야 할 사항은 무엇인가?"
"모니터링을 위한 체크 리스트는 무엇인가?"

'리빌드 체크하기'란 월드맵을 제작한 다음 등록을 마치고 오픈한 이후에 리빌드가 필요한 시점을 모니터링하는 일련의 모든 과정을 말합니다.

방문자, 기업, 운영자 모두 변하고 있기 때문에 메타버스 또한 새롭게 변화해야 합니다. 특히 메타버스에서 새로운 라이프 스타일이 만들어지고 있습니다. 새롭게 등장하는 인기 맵들을 모니터링하면서 새로운 테마를 발견하고 오픈한 월드맵에도 적용하고 재오픈해 보세요!

메타버스 공간 기획하기

이번 장에서 소개한 5단계 프로세스에 맞춰서 제페토 공간 설계를 기획해 보세요.

구분	5단계 프로세스	체크 리스트	중요 포인트	해당 프로세스에 맞춰서 제페토 공간 설계를 위한 나의 액션 플랜 정리하기
Step 01	Visitors Definition 방문자 정의하기	• 월드맵을 방문할 가장 중요한 고객은 누구인가? • 누구를 위해 월드맵을 만들고 운영하는가?	① 아바타 1:1 인터뷰: 제페토에서 뭘 하는지를 파악하라 ② 방문자 설문 조사: 이용 목적을 파악하라 ③ 아바타 관찰하기: 월드맵 활동 사진으로 콜라주 만들기	
Step 02	World Map Design 공간 설계하기	• 방문자들에게 적합한 공간 콘셉트와 테마는 무엇인가? • 이 공간에서 어떤 이야기가 펼쳐지길 기대하는가?	① Type & Theme: 공간 테마 설정하기 ② Object & Color: 공간 구성 요소 규정하기 ③ Layout: 평면도 레이아웃 그리기 ④ Avatar View: 아바타 시야/동선 설계하기	
Step 03	Experience Design 경험 설계하기	• 아바타가 구경하고 놀고 게임하는 과정을 설계한다면? • 아바타에게 어떤 즐거운 경험을 제공하고 싶은가?	① Play: 놀거리를 만들어라 ② Game: 쉬운 게임을 설계하라 ③ Brand Experience: 브랜드 경험을 제공하라	
Step 04	Live Plan 라이브 기획하기	• 살아 있는 공간으로 만들 특별한 행사를 기획한다면? • 참여도와 호응을 이끌어 낼 만한 콘텐츠는 무엇인가?	① 참여와 호응을 이끌어 내는 특별한 행사를 기획하라 ※아바타 트레이닝 워크숍 사례 트랙 달리기 체육 대회, 자동차 경주 대회, 쉬는 시간 미션, 점프맵 어워드, 어워드 시상식	
Step 05	Rebuild Check 리빌드 체크하기	• 리빌드를 위해 고려해야 할 사항은 무엇인가? • 모니터링을 위한 체크 리스트는 무엇인가?	① 체크 리스트 작성하기 ② 리빌드 결정하기	

4부

공간 설계 벤치마킹을
대신 해드립니다!
'제페토 월드맵
33개 벤치마킹하기'

메타버스 공간을 벤치마킹하면
메타버스 공간 설계에 도움이 됩니다.

여기서는 좀 더 효율적으로 설계를 할 수 있도록
100개의 월드를 분석하여
33개의 공간을 벤치마킹하였으니
차근차근 살펴보며 분석해 보도록 하세요.

메타버스는 상상이 현실이 되는 공간입니다. 집, 카페와 같은 친숙한 공간을 디지털 월드로 옮겨오고 오징어 게임과 같은 드라마 속 공간을 지을 수 있습니다. 또한 우주, 바닷속과 같은 미지의 공간을 아바타로 탐험하는 놀라운 경험을 할 수 있습니다. 일정이 안 맞아 떠나지 못한 여행지를 만들어 친구를 초대할 수도 있습니다. 회사 사옥과 사무실을 디지털 월드에 만들고 회의를 할 수도 있습니다.

집을 직접 짓는 사람들은 자신이 원하는 공간을 넣고 마음대로 형태를 짜는 과정에서 기쁨을 얻는다고 합니다. 나만의 개성과 생각이 담긴 집을 짓는 즐거움 말입니다. 메타버스에 내 집을 짓는 과정도 비슷합니다. 하지만 메타버스에서 집 짓기가 처음이라면 결과물이 어떻게 나올지, 기획에서 뭘 고려해야 할지 막막한 부분이 많습니다. 공간이 어떻게 구현될지 모르는 상태에서 기획해 결국, 원하는 공간을 짓지 못할 수도 있습니다.

이번 장에서는 자주 사용하는 공간을 테마별로 벤치마킹할 수 있는 가이드를 제공합니다. 여기서 소개하는 월드맵 테마는 총 100개의 인기 월드를 분석하고 개인이나 기업이 활용하기 좋은 33개의 공간 테마로 이름을 붙이고 분류하였습니다. 33개는 6개의 유형으로 그룹핑했습니다. 분석에 사용된 총 100개 월드는 2022년 1월까지 제페토 '인기 공식 월드'에 올라온 58개 월드와 지난 6개월 동안 새로 나온 월드 중에 선택한 42개 월드로 구성되어 있습니다. 33개의 월드 테마 벤치마킹을 바탕으로 여러분의 상상력을 추가해 보세요. 제페토 빌드잇 제작 환경을 더하고 불필요한 부분은 삭제, 보완해 나가면서 맘에 쏙 드는 제페토 월드를 완성해 나가길 바랍니다.

TYPE 1. House 집 관련 6개 테마	TYPE 2. Office 회사 관련 6개 테마	TYPE 3. Business 행사 및 브랜드 경험 관련 7개 테마
TYPE 4. Life 힐링/라이프/여행 관련 6개 테마	**TYPE 5. Imagination** 상상/창작된 스토리 관련 4개 테마	**TYPE 6. Game** 게임/점프맵 관련 4개 테마

⊙ 제페토 월드 6가지 유형화, 총 33가지 공간 테마

Z 월드맵 기획을 위한 벤치마킹 체크 리스트 다섯 가지

제페토에 창작하러 가는 크리에이터라면 제페토 월드를 직접 지을 때 어떤 부분을 어떻게 반영할 수 있는지 체크 리스트를 가지고 벤치마킹해야 합니다. 아래에 제시한 벤치마킹 요소들은 실제 제작에도 많은 도움이 됩니다.

Point 1.
Type & Theme
공간 테마 파악하기

Point 2.
Object & Color
공간 구성 요소 파악하기

Point 3.
Layout
평면도 레이아웃 파악하기

Point 4.
Avatar View
아바타 동선 파악하기

Point 5.
Business
기업 적용 방안 검토하기

Point 1. Type & Theme: 공간 유형과 테마는 무엇인가? 공간 테마 파악하기

어떤 공간을 구현하려고 했는지 파악합니다. 그리고 분위기, 느낌, 인상 등을 벤치마킹하세요. 같은 집이라도 인테리어에 따라 분위기가 달라지듯이 월드 또한 각각의 콘셉트에 따라 다릅니다. 분류해 놓은 6가지 유형에 어디에 해당되는지 판단하고 33개 세부 공간 테마를 활용해 보세요.

Point 2. Object & Color: 공간은 어떻게 구성되어 있는가? 공간 구성 요소 파악하기

건물 안으로 들어가려면 먼저 회전문을 통과해야 합니다. 안으로 들어서면 인포메이션이 있습니다. 건물의 벽과 바닥은 회색을 띱니다. 서재에 경우 대부분 높은 책장이 배치되어 있고 그 옆에 책상과 의자가 있습니다. 바닥은 원목의 부드러운 브라운입니다. 이렇듯 공간에는 그 공간을 대표하는 물건들과 컬러가 있습니다. 각 공간에 들어가는 구성 요소를 구체적으로 파악하세요. 공간별로 주로 사용하는 컬러가 무엇인지 함께 이해해 두도록 합니다.

Point 3. Layout: 평면도는 어떻게 되어 있는가? 평면도 레이아웃 파악하기

방 크기와 창문의 위치 그리고 물건들의 배치를 파악합니다. 전략 시뮬레이션 게임 등에서는 전체 공간을 미니 형태로 구성한 맵을 제공하기도 하지만, 제페토 월드에는 별도로 제공되는 평면도가 없습니다. 따라서 벤치마킹할 때 꼼꼼하게 살펴보도록 하며, 외부 공간과 내부 공간으로 나눠서 정리하세요. 실제 월드를 제페토에 건축할 때도 외부 공간 제작과 내부 공간 제작을 나눠서 진행하게 됩니다.

Point 4. Avatar View: 아바타는 어떤 시야로 월드를 바라보는가? 아바타 동선 파악하기

각각 월드에 방문한 아바타는 아바타의 시야를 가지고 활동하게 됩니다. 아바타가 어디로 움직이도록 동선을 짜놓았는지 파악해 보세요. 아바타가 움직이는 동선에서 아바타는 어떤 시야로 월드를 바라보는지 생각해 보세요. 월드 내에 포토존이 있다면 아바타 키에 맞춰져 있는지 아바타 입장에서 월드를 바라보고 벤치마킹하세요.

Point 5. Business: 기업 및 브랜드에 적용할 만한 포인트는 무엇인가? 기업 적용 방안 검토하기

기업에서 제페토를 활용하여 다양한 월드를 구축하고 있습니다. 어떤 목적으로, 어떤 공간으로, 어떻게 운영하고 있는지 별도로 벤치마킹해 둡니다. 브랜드 경험 포인트는 무엇인지, 긍정적인 경험을 주고 있는지, 다른 소셜미디어에 공유할 만한 콘텐츠를 만들어 내고 있는지를 파악합니다. 기업 적용 방안을 검토할 때는 적용 포인트뿐만 아니라 유의할 점까지 정리한 Do & Don't List를 작성해 두세요.

---

02 제페토 월드맵 공간 설계 가이드 33가지

이번 장에서 33개 공간 테마를 즐겁게 체험하며 월드에서
무엇을 벤치마킹해야 할지 포인트를 짚어 봅니다.
자, 본격적으로 제페토 월드 속으로 공부하러 떠나 볼까요?

Type 1 메타버스 하우스 6가지 월드맵

살고 싶은 나만의 드림하우스가 있나요? 있다면 드림하우스에 필요한 공간은 무엇이 있을까요? 다른 아바타들은 어떻게 살고 있는지, 메타버스 집들이를 시작해 보도록 하겠습니다. 벤치마킹하면서 함께 발전시켜 나가도록 해요.

월드명을 검색하면 해당 월드를 찾을 수 있습니다. 보다 자세한 벤치마킹을 원하면 방문해 보세요!

01 숲속 주택

- **공간 구성 요소:** 단층 주택, 마당, 대문, 울타리, 주변 도로, 언덕, 나무, 우체통, 야외 조명
- **주요 컬러:** white, green, pink, brown, gray, blue
- **월드맵 설계 가이드**

① 깔끔한 단독 주택을 구성   ② 아늑하고 조용한 분위기를 전달

⊖ 월드명: 마이하우스(삼성전자)

③ 마당을 감싼 울타리와 주변 도로, 언덕과 나무까지 전체적인 레이아웃 구성이 좋음

⊖ 월드명: 마이하우스(삼성전자)

02 마당 정원

· **공간 구성 요소:** 넓은 마당, 흙길, 잔디, 리듬감을 살린 돌, 잘 다듬어진 다양한 정원수

  2층-통창, 붙박이 테이블, 작은 원목 의자

· **주요 컬러:** green, brown, black, gray, blue

· **월드맵 설계 가이드**

① 나무들은 뒤쪽으로 배치, 앞쪽으로 흙길과 잔디를 두어 시야를 확보

⊖ 월드명: 블핑하우스(YG 엔터테인먼트)

② 마당 정원이 내려다보이는 2층에 통창을 만들고 작은 의자 두 개를 놓아둠

➡ 월드명: 블핑하우스(YG 엔터테인먼트)

03 마당 야외 공간들

오픈형 가든 캐노피

- **공간 구성 요소:** 캐노피(Canopy), 나무 데크, 원목 의자, 원목 테이블, 커튼과 지지대
- **주요 컬러:** white, brown, blue, green
- **월드맵 설계 가이드**

① 커튼과 소파를 흰색으로 하여 통일감을 이루고 오픈형 형태로 구성

② 정원과 주변 언덕 그리고 나무의 녹색과 잘 어울리게 구성

➡ 월드명: 마이하우스(삼성전자)

아늑한 작은 오두막

· **공간 구성 요소:** 2층 오두막, 2층 계단, 동그란 창, 세모난 지붕, 작은 테라스, 오두막과 붙어 있는 나무, 잔디, 울타리, 주변 언덕

· **주요 컬러:** green, white, brown, blue

· **월드맵 설계 가이드**

① 뒷마당 울타리 옆에 키 큰 나무가 있고 나무와 한몸으로 작은 오두막을 만듦

② 아바타가 들어가기 아담한 사이즈의 오두막으로, 기본 요소들로 잘 구성됨

↪ 월드명: 마이하우스(삼성전자)

야외 카페로 즐기는 유리 온실

· **공간 구성 요소:** 유리 온실(선룸), 티 테이블, 의자, 실내 조명, 야외 조명, 화분, 흙길

· **주요 컬러:** white, brown, green, yellow, black, blue

· **월드맵 설계 가이드**

① 겨울에도 따뜻한 햇살이 스며드는 선룸으로 전원 생활을 즐길 수 있도록 도와주는 유리 온실

② 의자, 티 테이블까지 흰색으로 통일하여 밝은 인테리어 구성

③ 입구는 흙길, 옆은 잔디, 과일나무가 심어진 큰 화분과 나무로 숲속 힐링 공간 구성

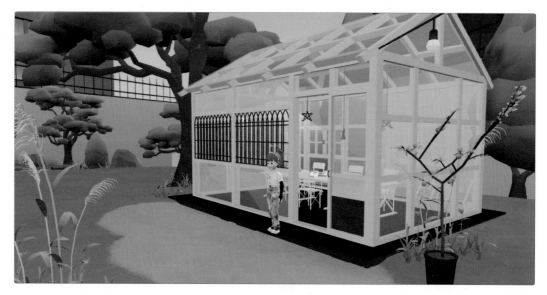

⊖ 월드명: 블핑하우스(YG 엔터테인먼트)

04 거실, 부엌, 안방

집콕 생활의 중심 '거실'

- **공간 구성 요소:** 헤링본 마루, 색깔 벽지, 커다란 창문, 요가 매트, 풍선, 인디언 텐트, 데크

- **주요 컬러:** pink, beige, brown

- **월드맵 설계 가이드**

① 통창 거실을 기획할 때 데크와 정원이 보이도록 구성

② 창문 옆에서 요가를 할 수 있음. 인디언 텐트와 같은 힐링 공간을 구성

⊖ 월드명: 블핑하우스(YG 엔터테인먼트)

부엌의 기본은 싱크대와 식탁

· **공간 구성 요소:** 헤링본 마루, 아일랜드 식탁, 높은 의자, 쓰레기통, 싱크대, 냉장고, 접시를 넣는 수납장, 4인용 테이블, 식탁용 의자 4개

· **주요 컬러:** brown, white, gray

· **월드맵 설계 가이드**

① 부엌의 기본적인 공간 구성을 벤치마킹하기 좋음

② 컬러의 톤 앤 매너를 잘 맞춰서 벽지와 바닥, 테이블, 싱크대의 색이 잘 어울림. 레이아웃 배치를 하면서 컬러 조합을 고려하면 좋음

⊖ 월드명: 블핑하우스(YG 엔터테인먼트)

안방의 기본은 TV와 소파

· **공간 구성 요소:** 작은 소파, 동그란 테이블, 작은 TV와 오디오 시스템, 큰 조명, 대리석 바닥

· **주요 컬러:** pink, gray, black, brown, white, gold, blue

· **월드맵 설계 가이드**

① 안방의 기본적인 레이아웃과 위치를 잘 잡아 놓아 벤치마킹하기 좋음

② 소파, 테이블, TV, 오디오, 조명, 티 테이블까지 빠짐없이 구성

→ 월드명: 마이하우스(삼성전자)

05 갖고 싶은 드레스룸

- **공간 구성 요소:** 오픈형 옷장, 옷을 걸 수 있는 봉
- **주요 컬러:** white, gray, brown
- **월드맵 설계 가이드**

① 잡지에 나올 법한 드레스룸 레이아웃을 잡아 놓음

② 오픈형 옷장은 실제 제작 시 한 칸 한 칸 쌓아 올려야 함

→ 월드명: 블핑하우스(YG 엔터테인먼트)

06 독립된 나만을 위한 공간

음악 스튜디오

· **공간 구성 요소:** 피아노, 기타, 마이크, 컴퓨터, 녹음실

· **주요 컬러:** gray, beige, black

· **월드맵 설계 가이드**

① 뮤지션이라면 집에 갖추고 싶은 음악 스튜디오. 마이크는 물론 악기까지 구비된 모습

② 제페토 빌드잇에 있는 오브젝트만으로 구성 가능한 세트

➡ 월드명: 소셜프로그 메타버스 교육센터

집 안의 편의점

· **공간 구성 요소:** 과자, 케이크, 진열대, 음료수, 커피 머신

· **주요 컬러:** gray, beige, black

· **월드맵 설계 가이드**

① 집 안에 매점이나 편의점이 있다면 좋겠다는 로망을 실현한 공간

② 제페토 빌드잇에 있는 오브젝트들로 테이블을 놓고 하나하나 쌓은 공간

⊖ 월드명: 소셜프로그 메타버스 교육센터

Type 2 메타버스 오피스 6가지 월드맵

메타버스에서 일하는 세상이 다가오고 있습니다. 메타버스 사옥에 출근하고 메타버스에서 회의하고, 직장 동료들과 아바타로 친목을 다지는 미래는 이미 현실이 되고 있습니다. 제페토에 아바타 회의실부터 짓기 시작해 볼까요?

월드명을 검색하면 해당 월드를 찾을 수 있습니다. 보다 자세한 벤치마킹을 원하면 방문해 보세요!

01 메타버스 오피스

회사 사옥

• **공간 구성 요소:** 회사 로고, 건물, 입구, 로비, 계단, 도로, 도시(다양한 건물들), 가로수, 자동차

• **주요 컬러:** gray, white, blue, green, yellow

• **월드맵 설계 가이드**

① 미래 콘셉트의 회사 사옥을 메타버스에 지어 놓음

② 회사 사옥을 중심으로 실내 공간과 실외 공간의 밸런스가 좋음

⊖ 월드명: 다운타운(미래)

회사 로비와 1층 라운지

- **공간 구성 요소:** 책, 기둥, 조명, 회전문, 책상, 라인프렌즈
- **주요 컬러:** gray, black, green, blue, brown
- **월드맵 설계 가이드**

① 회사 1층에 들어갈 구성 요소와 레이아웃이 잘 정리되어 있음

② 회전문을 나오면 카페 라운지 입구와 인포메이션으로 구성되어 있음

⊖ 월드명: 네이버 그린팩토리

02 메타버스 회의실

대회의실, 소회의실, 워크숍

- **공간 구성 요소:** 테이블, 의자, 칠판, 창문, 벽과 바닥, 유리창

- **주요 컬러:** brown, gray, black, blue, green

- **월드맵 설계 가이드**

① 워크숍을 할 수 있는 회의실을 구성함. 테이블 배치와 의자 숫자를 미리 계획할 것

⊖ 월드명: 소셜프로그 메타버스 교육센터

② 계단식 의자와 빔 프로젝터로 쏘는 대형 스크린이 있는 대형 회의실을 구성

⊖ 월드명: 네이버 그린팩토리

야외 강연장

· **공간 구성 요소:** 야외 스테이지, 무대 위 단상, 파라솔, 의자

· **주요 컬러:** gray, brown, green, orange, blue

· **월드맵 설계 가이드**

① 야외 스테이지에는 강의 내용이 화면에 보이듯이 비주얼을 정리

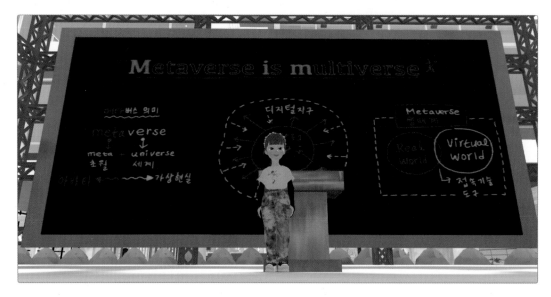

⊖ 월드명: 소셜프로그 메타버스 교육센터

② 놓을 의자 수를 체크하여 단상과 아래쪽 공간 배치

⊖ 월드명: 소셜프로그 메타버스 교육센터

03 회사 도서관

· **공간 구성 요소:** 책, 책장, 책상, 의자, 사물함

· **주요 컬러:** gray, brown, green, blue

· **월드맵 설계 가이드**

① 책이 꽂힌 긴 책장들이 지그재그로 배치되어 있음

② 도서관 입구에 사물함과 창을 바라보며 책을 보기 좋은 긴 테이블과 의자를 배치

→ 월드명: 네이버 그린팩토리

04 옥상 헬기장

・**공간 구성 요소:** 헬기장, 헬기, 야외 조명, 헬기장 표시, 유리 안전대

・**주요 컬러:** gray, orange, white

・**월드맵 설계 가이드**

① 미래 콘셉트의 도시를 구현함. 그중에서 옥상 헬기장을 원 형태로 구현하여 표현

② 헬기장 표시, 야외 조명, 유리 안전대까지 구성 요소를 잘 정리함

→ 월드명: 다운타운(미래)

05 회사 카페

・**공간 구성 요소:** 2층 테라스, 테이블, 의자, 파라솔, 아치형 출구, 화분, 타일, 카운터, 액자, 벽 타일

・**주요 컬러:** gray, green, white, gold, brown

・**월드맵 설계 가이드**

① 녹색과 회색을 주 컬러로 구성하여 독특한 콘셉트의 2층 테라스 카페를 완성

② 인테리어, 오브젝트 디자인에도 일관되게 녹색과 회색의 조화를 적용한 세련된 구성

⇒ 월드명: 랄프 로렌 월드

06 회사 농구장

- **공간 구성 요소:** 농구대, 농구장, 농구공, 안전 울타리, 입구
- **주요 컬러:** purple, yellow, orange, white, black
- **월드맵 설계 가이드**

① 미니 농구장에 필요한 농구대, 농구공, 안전 울타리를 조화롭게 표현

② 보라색은 메인 컬러, 오렌지와 노랑은 농구 바닥, 검은색은 농구대로 표현

→ 월드명: Gucci Villa

※ 유의 사항: 아바타가 덩크슛을 하는 동작은 제페토 빌드잇에서 구현되지 않으니 참고해 주세요.

살고 싶은 나만의 드림하우스가 있나요? 드림하우스에 필요한 공간은 무엇이 있을까요? 나만의 집을 꾸미기 위해 메타버스 집들이를 시작해 보도록 하겠습니다.

01 메타버스 브랜드 하우스

· **공간 구성 요소:** 유럽식 저택, 다리, 동물 모양 정원수, 나무, 옷장, 옷걸이, 거울

· **주요 컬러:** brown, green, blue, gray, black

· **월드맵 설계 가이드**

① 건물 외관은 유럽 느낌의 저택, 들어가는 입구에 정원수를 심어 놓음

② 브랜드 로고 플레이가 된 제품과 굿즈를 보기 좋게 전시함

③ 아바타 셀카를 찍을 공간을 남겨 놓아 아바타로 사진을 찍어도 제품이 잘리지 않고 잘 보임

④ 디자인된 옷을 걸어둠 ⑤ 거울 앞에서 포즈를 취할 수 있음

⊖ 월드명: Gucci Villa

02 아바타 트레이닝 센터 by 소셜프로그

· **공간 구성 요소:** 도로, 나무, 울타리, 점프맵, 자동차

· **주요 컬러:** gray, green, brown, blue, purple

· **월드맵 설계 가이드**

① 처음으로 월드에 입장한 아바타가 장애물 없이 뛸 수 있는 아바타 러닝 코스 제공

② 아바타가 점프하면서 위로 올라가는 형태의 점프맵 트레이닝 코스를 제공

③ 자동차를 탄 아바타가 능숙하게 운전할 수 있는 아바타 드라이빙 코스 제공

⊖ 월드명: 소셜프로그 메타버스 교육센터

03 메타버스 자동차 경주 대회

· **공간 구성 요소:** 자동차, 도로, 표지판, 카레이싱 코스, 타이머, 공원, 전광판, 브랜드존

· **주요 컬러:** gray, white, red, green

· **월드맵 설계 가이드**

① 자동차를 타고 카레이싱 코스를 운전하는 자동차 경주 대회 공간을 구성

② 신차와 셀카를 찍을 수 있는 브랜드존 구성

➔ 월드명: 드라이빙존(현대 SONATA)

04 메타버스 런웨이

- **공간 구성 요소:** 런웨이 무대, 의자, 조명, 대형 전광판

- **주요 컬러:** purple, pink, black, gray

- **월드맵 설계 가이드**

① 패션쇼의 전형적인 런웨이 무대와 관객의 모습을 구현

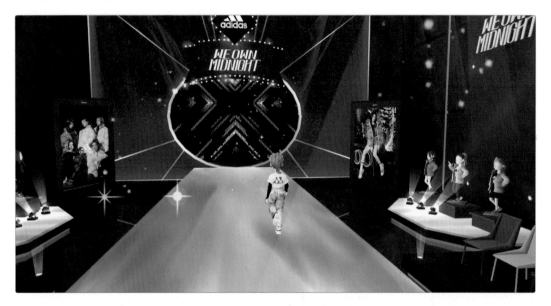

② 아바타가 런웨이를 직접 걸어 다니면서 관객과 호흡할 수 있는 공간 구성

⊖ 월드명: 미드나잇 런웨이(아디다스)

05 메타버스 오디션

- **공간 구성 요소:** 오디션 무대, 의자, 광고 액자, 조명, 테이블, 심사 위원석, 심사 위원

- **주요 컬러:** black, blue, beige

- **월드맵 설계 가이드**

① 오디션 무대와 심사 위원석, 관객 의자까지 3D 오디션 월드를 구성

② 아바타가 무대에 오르면 심사 위원을 바라보며 오디션에 참여하는 연출 가능

⊝ 월드명: 씽2게더

06 메타버스 어워드 & 포토존

- **공간 구성 요소:** 레드카펫, 트로피, 광고 포토존, 카메라

- **주요 컬러:** white, red, gold, black

- **월드맵 설계 가이드**

① 각종 어워드 포토존을 레드카펫과 브랜드 로고 패턴으로 구성

② 트로피와 카메라를 장식하여 리얼리티를 잘 살림

➡ 월드명: 제페토어워드

➡ 월드명: 토이스토리

※ 참고: 브랜드 포토존 앞에 두 개의 조명을 배치하여 하이라이트를 표현함

07 메타버스 플레이 월드

- **공간 구성 요소:** 작은 동산, 나무, 꽃, 바리케이트, 타이머
- **주요 컬러:** green, yellow, brown, red
- **월드맵 설계 가이드**

① 장애물 달리기, OX 퀴즈, 미로 탈출 게임, 의자 앉기 게임, 숨바꼭질, 점프맵 등 다양한 게임을 할 수 있는 월드를 구성

② 아래는 장애물 달리기로 꾸민 작은 동산

⊝ 월드명: 친환경 에너지 플레이 월드(한국동서발전)

Type 4 메타버스에서 힐링/라이프/여행 6가지 월드맵

> 자연에서 힐링하고 새로운 도시의 카페에서 커피를 마시고…! 여행을 다니며 살고 싶어요. 물론 메타버스에서 말이죠. 아바타로 떠나는 세계 여행, 함께 즐겨요!

월드명을 검색하면 해당 월드를 찾을 수 있습니다. 보다 자세한 벤치마킹을 원하면 방문해 보세요!

01 야간 캠핑장

· **공간 구성 요소:** 인디언 텐트, 나무, 캠핑카, 캠핑 화로, 캠핑 의자, 모닥불, 해먹

· **주요 컬러:** green, beige, yellow, brown

· **월드맵 설계 가이드**

① 삼각형 배치로 숲속 캠핑장의 평화로운 밤 장면을 구성

② 캠핑카, 캠핑 화로, 인디언 텐트, 모닥불, 나무 위까지 조명을 잘 사용함

⊝ 월드명: 캠핑

02 힐링 동산

· **공간 구성 요소:** 언덕, 풀, 야생화, 나무, 바위 동굴, 작은 호수

· **주요 컬러:** green, purple, sky blue, blue

· **월드맵 설계 가이드**

① 봄 기운 가득한 언덕 동산이 광활하게 펼쳐지고 있음

② 단조로울 수 있는 언덕 동산에 바위 동굴, 키 큰 나무, 작은 호수, 야생화를 배치하여 완성도를 높임

③ 제페토 아바타는 기본적으로 수영을 할 수 있음

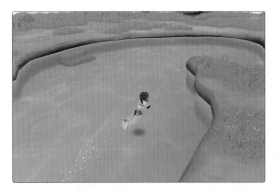 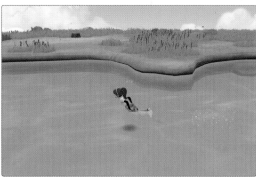

→ 월드명: 힐링 동산

03 호숫가 산책

· **공간 구성 요소:** 대형 호수, 다리, 가로등, 조명, 눈, 겨울 나무, 모닥불, 눈사람, 의자

· **주요 컬러:** white, brown, yellow, green, red

· **월드맵 설계 가이드**

① 대형 호수를 만들고 다리를 잇고, 작은 섬을 만들어 들어갈 수 있게 구성

② 호숫가 옆 흙길을 깔고 가로수를 연결하는 조명 장식을 구성

③ 호숫가 옆에 쉬어갈 수 있는 모닥불과 캠핑 의자를 놓고 눈사람을 배치함

→ 월드명: 포시즌카페

04 생일 파티룸

- **공간 구성 요소:** 하트 벽지, 막대 사탕, 케이크, 의자, 긴 테이블, 헬륨 풍선, 갈런드(파티 벽 장식)

- **주요 컬러:** pink, purple, white, beige

- **월드맵 설계 가이드**

① 10대를 위한 파티룸 콘셉트로 핑크, 하트, 갈런드, 케이크를 기본으로 구성

② 벽에는 핑크 벽지와 갈런드, 중앙에는 긴 테이블과 파스텔 의자를 장식

③ 빅사이즈로 제작한 막대 사탕과 아이스크림 모양 장식품으로 파티 분위기 연출

→ 월드명: 파티룸

05 어린 시절 바로 그 교실

· **공간 구성 요소:** 책상, 의자, 교탁, 칠판

· **주요 컬러:** gray, beige, green

· **월드맵 설계 가이드**

① 예능 '아는 형님'에 등장하는 교실을 구현

② 아는 형님과 같은 형식의 상황극으로 이용할 수 있음

⊖ 월드명: 아는형님

06 메타버스 여행

· **공간 구성 요소:** 시티, 타워, 광장, 나무, 파라솔, 가로등, 절벽, 계단식 논

· **주요 컬러:** beige, green, brown, white, blue

· **월드맵 설계 가이드**

① 스페인 론다 여행은 광장, 도로, 시티, 절벽으로 이뤄져 있음

② 절벽 아래로 내려가서 관광할 수 있음. 3D 월드에서만 경험할 수 있는 특별한 여행

⊖ 월드명: 스페인 론다

Type 5 상상/창작된 스토리(영화, 드라마, 웹툰, 소설) 월드맵

뮤직비디오나 영화 속으로 직접 들어가 보는 상상을 해본 적 있나
요? 은하수나 바닷속과 같은 신비한 세계도 궁금합니다. 상상을 현
실로! 제페토에서 만들어 봐요.

월드명을 검색하면 해당 월드를 찾을 수 있습니다. 보다 자세한 벤치마킹을 원하면 방문해 보세요!

01 뮤직비디오 세트장

- **공간 구성 요소:** 대형 창고, 서랍장, 트레이, 사막 모래, 선인장
- **주요 컬러:** brown, beige, blue, green
- **월드맵 설계 가이드**

① 2020년 8월 발매한 ITZY 신곡 'Not Shy' 뮤직비디오 속 공간을 구현
② ITZY 멤버별 아바타로 제페토 버전 뮤직비디오 촬영장으로 활용

③ 대형 창고 밖으로 나오면 모래 사막을 만날 수 있음

⊖ 월드명: ITZY 사막

02 은하수가 있는 재단

- **공간 구성 요소:** 나무, 계단, 테이블
- **주요 컬러:** blue, white, purple
- **월드맵 설계 가이드**

① 은하수를 콘셉트로 신비로운 공간을 완성

② 신비로운 나무, 계단까지 우주 속에 있는 듯한 공간으로 구성

➡ 월드명: 밀키웨이

03 오징어 게임 세트장

- **공간 구성 요소:** 선반, 벽, 조명
- **주요 컬러:** gray, blue, black, white, gold
- **월드맵 설계 가이드**

① 넷플릭스 드라마 '오징어 게임'에 등장하는 메인 공간을 3D 월드로 구현

→ 월드명: Squid Games

오징어 게임 : 다리 건너기 게임

· **공간 구성 요소:** 조명, 커튼, 유리 계단, 사다리

· **주요 컬러:** red, green, purple, black

· **월드맵 설계 가이드**

① 오징어 게임 중 다리 건너기 게임에 등장하는 공간을 3D 월드로 구현

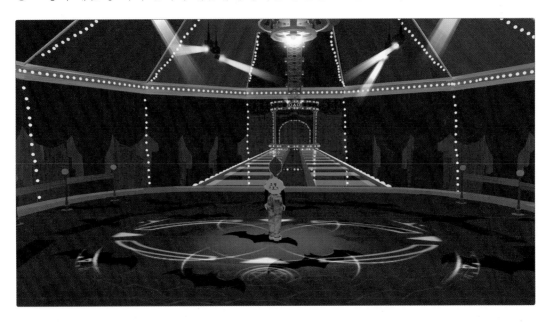

② 유리 다리에서 떨어지면 도착하는 공간으로, 계단을 짚고 다시 올라가서 게임 참여 가능

⊙ 월드명: Squid Bridge

04 바다 왕국

- **공간 구성 요소:** 바다 풍경, 해초, 암석, 인어공주, 산호초
- **주요 컬러:** blue, pink, green, yellow
- **월드맵 설계 가이드**

① 바다 왕국의 환상적인 분위기를 상상하여 구현

② 파란색을 기본색으로 컬러 그러데이션을 통한 환상적인 분위기 표현

⊙ 월드명: 인어공주

아바타가 나를 대신해서 게임을 하는 제페토 게임! 친구들,
가족, 동료들과 함께 즐거운 게임 시간을 제페토에 만들어 봐요!

월드명을 검색하면 해당 월드를 찾을 수 있습니다. 보다 자세한 벤치마킹을 원하면 방문해
보세요!

01 점프맵

· **공간 구성 요소:** 계단, 용암, 구름

· **주요 컬러:** green, white, blue, red

· **월드맵 설계 가이드**

① 높은 곳에서 하는 점프맵으로 계단 오르기부터 도전

② 수직 점프맵으로 구성, 앞으로 한 칸씩 이동

③ 점프 이동에 실패하면 용암에 떨어지고 용암 다리를 건너 계단으로 다시 올라가야 함

➥ 월드명: 친환경 에너지 플레이 월드(한국동서발전)

02 OX 퀴즈

· **공간 구성 요소:** 건물, 나무, OX 판넬, 전광판

· **주요 컬러:** blue, white, brown, beige, red

· **월드맵 설계 가이드**

① OX 퀴즈를 듣고 해당되는 질문으로 이동하는 게임

② OX로 가는 판을 브랜드 경험과 관련된 내용으로 구성(친환경 에너지 관련 패널)

⊙ 월드명: 친환경 에너지 플레이 월드(한국동서발전)

03 의자 앉기 게임

- **공간 구성 요소:** 다리, 화분, 기와집, 꽃, 의자, 계단, 연못

- **주요 컬러:** green, white, brown

- **월드맵 설계 가이드**

⊙ 월드명: 친환경 에너지 플레이 월드(한국동서발전)

04 미로 탈출 게임

· **공간 구성 요소:** 미로에 사용할 나무, 타이머, 잔디, 중앙 조형물

· **주요 컬러:** green, gray

· **월드맵 설계 가이드**

① 유럽식 미로 정원 콘셉트로, 나무로 미로의 벽을 만들고 미로를 탈출하는 게임

② 미로로 세운 나무의 높이와 넓이, 미로 속 길의 폭은 아바타 기준으로 설정

⊖ 월드명: Gucci Villa

① 33개의 공간 테마 중에서 관심이 가는 테마는 무엇인가요? 테마명과 이유를 적어 보세요.

② 33개 공간 테마 이외에 떠오르는 다른 테마가 있나요? 생각 나는 공간 테마명을 키워드로 적어 보세요.

> 예) 시티, 환상의 섬, 우주선, 쇼핑몰, 소방서, 경찰서, 음악실, 놀이동산, 워터파크, 유람선, 박물관, 연구소

③ 우리 기업에 적합한 테마는 무엇이 있을까요? 테마명과 이유를 적어 보세요.

④ 제페토 월드 테마에 넣고 싶은 이미지를 검색해 보세요.

⑤ 찾은 이미지 중에서 제페토 월드에 넣고 싶은 부분을 간단히 스케치해 보세요.

⑥ 짓고 싶은 제페토 월드를 설계도로 그려 보세요.

5부

가상월드를 짓는
제페토 빌드잇
실습 워크숍

메타버스가 무엇인지,
그중에서도 제페토는 어떤 곳인지 충분히 알아보셨나요?
이제 본격적으로 메타버스 크리에이터로의 발걸음을 내딛어 봐요.

제페토는 월드를 구축할 수 있는
'제페토 빌드잇'이라는 프로그램을 제공하고 있습니다.
누구나 컴퓨터로 해당 프로그램을 설치해 월드를
제작하면 심사 단계를 거쳐 공개할 수 있어요.
내가 만든 나만의 제페토 월드에 사람들이
찾아와 즐겁게 돌아다니는 그 순간을 위해
지금부터 차근차근 따라해 보며
제페토 빌드잇을 섭렵해 보세요.

가상 월드를 짓는 제페토 빌드잇 실습 워크숍

Step 01 - 제페토 빌드잇 설치와 살펴보기

Lesson 1 제페토와 제페토 빌드잇, 무슨 차이일까요?
Lesson 2 설치 프로그램 다운로드받기
Lesson 3 다운로드받은 설치 파일 실행하기
Lesson 4 빌드잇 로그인하기
Lesson 5 빌드잇 첫 페이지 살펴보기

Step 02 - 제페토 빌드잇 기초

Step 03 - 제페토 빌드잇 실전 1. 오브젝트 활용

Step 04 - 제페토 빌드잇 실전 2. 지형 및 월드 세팅

Step 05 - 제페토 빌드잇 실전 3. 기능 101% 활용법

Step 06 - 제페토 빌드잇 등록 및 공개

Bonus Step - 제페토 아이템 제작하여 판매하기

제페토에 월드를 제작하려면 컴퓨터에 제페토 빌드잇 프로그램을 설치하여야 합니다. 설치를 위해서는 설치 프로그램을 다운로드받아 실행해야 합니다. 다운로드와 설치, 실행, 로그인까지 순서대로 진행해 보도록 하겠습니다.

Lesson 1 제페토와 제페토 빌드잇, 무슨 차이일까요?

제페토를 즐기기 위해서는 모바일 기기를 사용해야 합니다. 현재 제페토는 모바일 기반의 OS에서만 제공되고 있기 때문이죠. 반면, 제페토 월드를 구축할 수 있는 프로그램인 '제페토 빌드잇'은 컴퓨터로 이용할 수 있습니다.

기기	핸드폰	컴퓨터
OS	모바일 OS(iOS/Android)	PC 운영체제(Windows/Mac OS)
서비스	아바타 꾸미기, 월드 방문, 게임 등	월드 제작
유/무료	부분 유료	무료

제페토 빌드잇에서 월드를 제작한 다음 등록 후 리뷰를 거쳐야 합니다. 리뷰 후 등록이 승인되면 제페토 앱을 통해 내가 만든 월드가 서비스됩니다. 이용자들은 제페토 앱에 가입하여 아바타를 통해 내가 만든 월드에 방문할 수 있습니다.

Lesson 2 설치 프로그램 다운로드받기

제페토 빌드잇은 '제페토 스튜디오'라는 사이트를 통해 다운로드받을 수 있습니다. 네이버, 구글 등의 검색 사이트에서 '제페토 빌드잇'을 검색하거나 인터넷 창에 주소를 입력하면 누구나 해당 페이지에 접속할 수 있습니다.

01 구글에서 검색하기

① 구글(Google.com) 사이트에 접속한 후 검색란에 '제페토 빌드잇'을 입력합니다.

② 검색 목록에서 [제페토 빌드잇 다운받기 - ZEPETO Studio]를 클릭합니다.

02 네이버에서 검색하기

① 네이버(naver.com) 사이트에 접속한 후 검색란에 '제페토 빌드잇'을 입력합니다.

② 검색 목록에서 [제페토 빌드잇 – ZEPETO Studio]를 클릭합니다.

03 인터넷 주소로 직접 방문하기

제페토 사이트 주소를 주소란에 직접 입력합니다.

· URL: https://studio.zepeto.me/kr/products/buildit

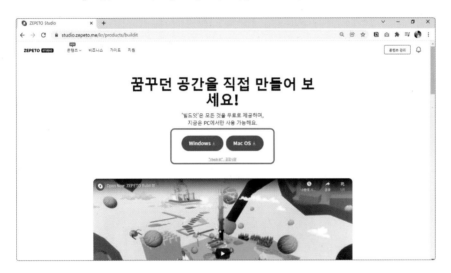

Lesson 3 다운로드받은 설치 파일 실행하기

이용하는 PC의 OS 프로그램에 해당하는 버전으로 설치 파일을 다운로드받습니다. '.exe' 형식의 실행 파일을 더블 클릭하면 자동으로 설치 프로그램이 실행됩니다.

 **설치 및 실행하기**

① 다운로드받은 실행 파일을 더블 클릭하여 실행합니다.

ZEPETO+build+it
유형: Windows Installer 패키지

② 제페토 설치 화면에 나오는 순서대로 클릭하여 설치를 진행합니다.

③ 설치가 끝나면 컴퓨터 바탕 화면에 [ZEPETO build it]( ) 아이콘을 확인할 수 있습니다. 더블 클릭하여 실행합니다.

Check Point | 제 컴퓨터에는 빌드잇 프로그램이 설치되지 않아요

제페토 빌드잇 프로그램을 설치 및 구동하기 위하여 필요한 최소한의 설치 사양 조건은 아래와 같습니다.

- Operating System – Windows 10 or Mac OS Mojave or more
- CPU – intel i5 or more
- Memory – 8GB RAM or more
- Graphic – Geforce GTX 660 or more
- Resolution – 1280x720 or more
- Available space – 500MB or more
- Direct X 10 Version or more

* 2022년 1월 기준/최소 사양

Check Point | 실행이 너무 오래 걸려요

제페토 빌드잇 프로그램은 실행을 위한 로딩 시간이 오래 걸릴 수 있습니다. 아래와 같은 로딩 페이지에서 하단에 진행률이 증가하고 있다면 정상적으로 로딩이 되고 있지만 만일, 화면 하단에 표시되는 진행률이 증가하지 않고 변화가 없다면 실행이 원활하지 않은 상황이니 종료 후 재실행하세요.

Lesson 4 빌드잇 로그인하기

실행한 빌드잇 프로그램은 로그인하여야 이용이 가능합니다. 별도의 가입 과정 없이 제페토 앱 모바일에서 가입하였던 정보를 통해 동일하게 로그인할 수 있습니다.

로그인 방법은 크게 2가지로 나뉩니다.

방법 1 계정 로그인

일반적인 로그인 방법으로 제페토 앱에서 가입한 가입 정보 중 하나로 로그인할 수 있습니다. 휴대폰 번호 또는 이메일 주소와 비밀번호를 입력하거나, 페이스북/라인/트위터/카카오톡에 연동 계정으로 가입하였다면 해당 정보로 로그인할 수 있습니다.

방법 2 QR 로그인

휴대폰으로 제페토 앱을 실행하여 로그인할 수 있는 방법입니다. 사용 방법은 왼쪽 이미지를 확인하세요.

Lesson 5 빌드잇 첫 페이지 살펴보기

빌드잇을 처음 실행하여 로그인을 하면 보여지는 화면입니다. 각각의 구역을 알아봅시다.

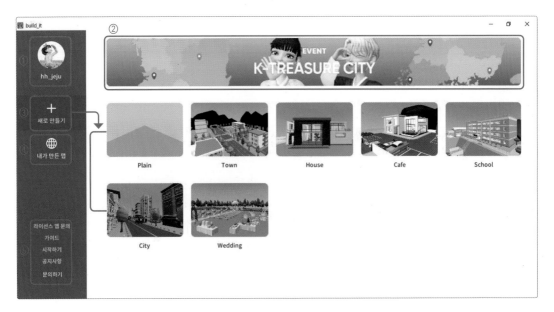

① 로그인 정보 영역 : 어떤 계정으로 로그인했는지 확인할 수 있습니다. 클릭하면 다음과 같이 해당 계정의 프로필 이미지, 보유 젬과 코인 정보, 아이디, 휴대폰 번호, 등록된 이메일 등의 정보를 확인할 수 있습니다. 하단의 로그아웃 버튼으로 계정을 로그아웃할 수 있습니다.

② 상단 광고 배너 영역 : 제페토 측에서 빌드잇 이용자에게 알리고픈 정보를 게시하는 영역입니다. 보통은 제작 가이드에 관한 업데이트 사항이나 월드 제작 관련 이벤트 정보를 게시합니다.

③ [새로 만들기]를 클릭하면 1개의 플레인(plain) 맵과 6개의 템플릿 맵이 있습니다. 7개의 맵 중 하나를 클릭하면 새로운 월드를 만들어 볼 수 있습니다.

④ ①-③의 과정을 통해 만든 맵을 저장하면 '내가 만든 맵' 메뉴에서 확인할 수 있습니다.

⑤ 빌드잇 이용에 도움을 받을 수 있는 링크를 확인할 수 있습니다.

가상 월드를 짓는 제페토 빌드잇 실습 워크숍

Step 01 - 제페토 빌드잇 설치와 살펴보기

⬇

Step 02 - 제페토 빌드잇 기초

Lesson 6 화면 소개
Lesson 7 화면 보는 법: 시야 이동
Lesson 8 오브젝트 종류와 선택하여 넣기
Lesson 9 오브젝트의 속성 1 – 속성의 종류와 변환값
Lesson 10 메뉴바와 마우스를 활용한 오브젝트 속성 변경
Lesson 11 오브젝트의 속성 2 – 색상/물리
Lesson 12 테스트 모드
Lesson 13 맵 저장하기
Lesson 14 단축키 활용하기

⬇

Step 03 - 제페토 빌드잇 실전 1. 오브젝트 활용

⬇

Step 04 - 제페토 빌드잇 실전 2. 지형 및 월드 세팅

⬇

Step 05 - 제페토 빌드잇 실전 3. 기능 101% 활용법

⬇

Step 06 - 제페토 빌드잇 등록 및 공개

⬇

Bonus Step - 제페토 아이템 제작하여 판매하기

빌드잇 프로그램을 성공적으로 설치한 후 실행하여 로그인까지 마쳤다면, 이제 본격적으로 빌드잇을 사용해 볼 수 있습니다. 빌드잇을 사용할 수 있는 기초적인 사항들을 알아보겠습니다.

Lesson 6 화면 소개

빌드잇 메인 페이지에서 맵을 생성하면 편집 화면이 뜹니다. 실습에 들어가기 전, 각 영역에 대해 간략하게 알아보겠습니다.

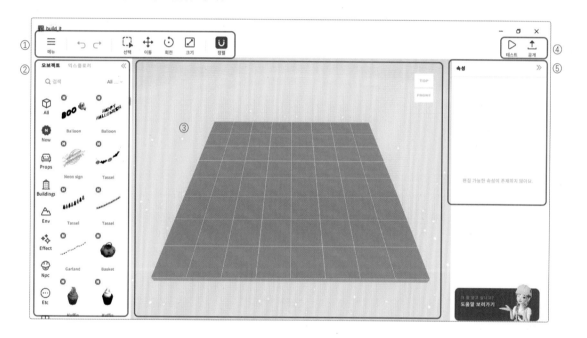

① 메뉴바 영역: 상단 메뉴가 나열되어 있습니다. 우측 5개의 버튼인 를 활용하여 오브젝트를 조정합니다.

② 좌측 탭 영역

- [오브젝트] 탭 활성화: 활용할 수 있는 오브젝트가 나열되어 있으며, 카테고리로 나뉘어 있습니다.

- [익스플로러] 탭 활성화: 지형 설정과 삽입된 오브젝트의 리스트를 확인할 수 있습니다.

③ 중앙 작업창 영역: 실제 월드를 구성할 수 있는 화면 부분입니다.

④ 우측 상단 버튼: 테스트와 공개 신청을 할 수 있는 버튼 영역입니다.

⑤ 속성 영역: 선택된 오브젝트의 속성값을 확인/변경할 수 있습니다.

Check Point | **지형과 오브젝트**

제페토 빌드잇은 제페토에서 제공되는 월드를 제작하는 툴입니다. 이 월드를 제작할 때 밑바탕이 되는 사각의 넓은 판을 '지형'이라고 부릅니다. 그 지형 위에 '오브젝트'라 불리는 다양한 3D 요소를 올려놓아 월드를 구성하게 됩니다. 앞으로 이 책에서도 '지형'과 '오브젝트'로 설명합니다.

Lesson 7 **화면 보는 법: 시야 이동**

화면을 보는 시야를 자유자재로 바꿔 가며 보는 조작 스킬이 있다면 월드를 좀 더 수월하게 만들 수 있습니다. 제페토 월드는 3D 즉, 3차원이기 때문에 여러 각도에서 확인을 하며 조정해야 하기 때문입니다. 따라서 맨 처음 화면을 제대로 '보는' 연습부터 배워 보도록 하겠습니다.

⊕ **따라 하기 A** : 메인 페이지에서 [Plain] 맵을 클릭하여 새로운 맵을 열어본 후 아래 지시사항에 따라 이리저리 시야를 변경해 보세요.

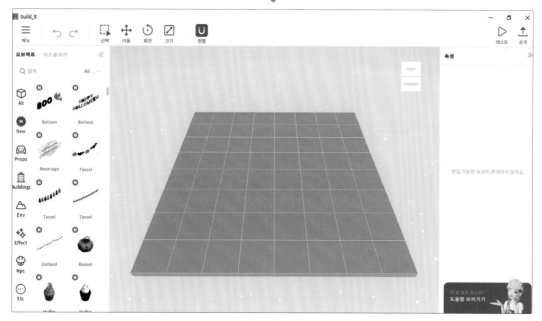

시야 바꾸기 1 마우스 활용법

마우스 휠

휠을 위아래로 굴려 보세요. 화면 가까이/멀리 이동합니다(확대/축소).

마우스 오른쪽 버튼

마우스 오른쪽 버튼을 클릭한 상태로 움직입니다. 시야는 고정/지형이 움직입니다.

스페이스 바 + 마우스 왼쪽 버튼

Space 를 누른 채 마우스 왼쪽 버튼을 클릭한 상태로 움직입니다(마우스 포인터가 손바닥으로 바뀝니다). 시야는 고정/지형이 움직입니다.

시야 바꾸기 2 키보드 활용법

• 키보드에서 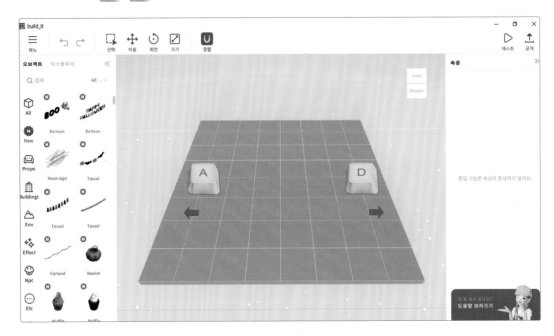 A / D 를 각각 눌러 보세요. 화면이 좌우로 움직입니다(X축 변화).

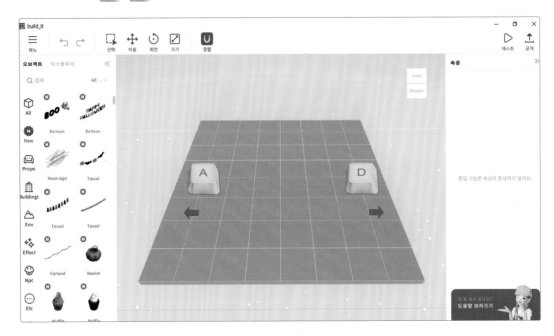

• 키보드에서 W / S 를 각각 눌러 보세요. 화면이 앞뒤로 움직입니다(Z축 변화).

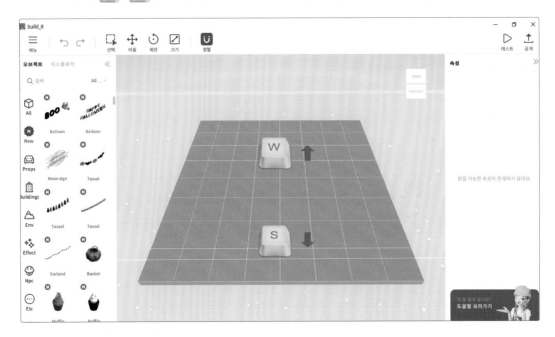

• 키보드에서 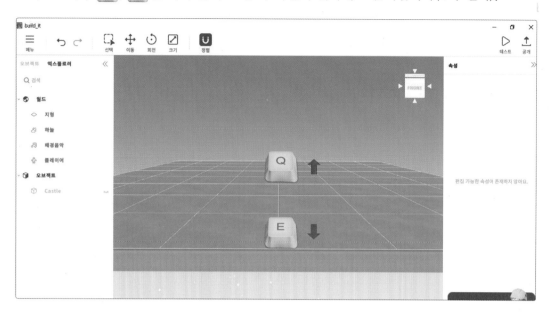 / E 를 각각 눌러 보세요. 화면이 위아래로 움직입니다(Y축 변화).

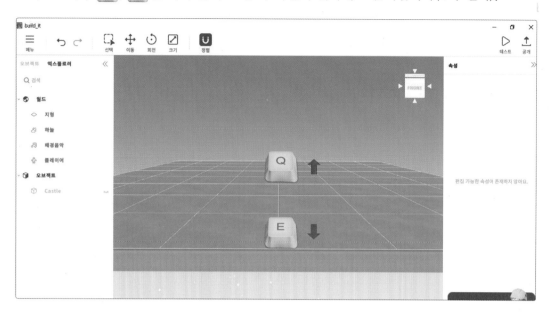

시야 바꾸기 3 큐브 아이콘 활용법

우측 상단의 큐브 아이콘을 활용하는 방법입니다. 정육각면체의 큐브에는 각 면에 Front, Top, Right, Left, Back, Bottom이라고 쓰여 있습니다. 해당 면을 클릭하면 각각의 시야 각으로 화면이 전환됩니다.

면과 면이 맞닿는 부분의 [실선]을 클릭하거나, 면이 아닌 [각]을 클릭하면 해당 시야 각으로 화면이 전환됩니다. 큐브 아이콘의 각 면과 선 부분을 클릭하여 화면을 자유자재로 전환하여 볼 수 있습니다.

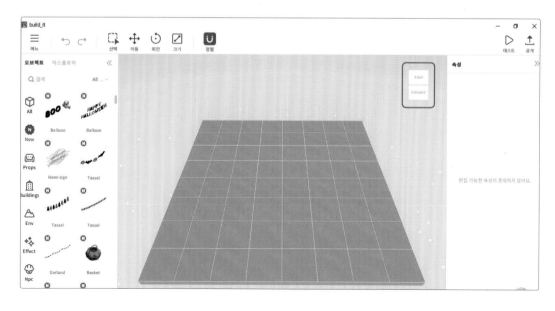

큐브 아이콘은 선택한 오브젝트가 없을 때는 지형판을 기준으로 시야가 바뀌고 선택한 오브젝트가 있을 경우에는 선택한 오브젝트를 기준으로 시야가 변경됩니다.

Check Point **시야 변경은 3가지 방법을 적절히 섞어서 활용하세요**

3D 그래픽을 기반으로 한 프로그램이므로 좌우상하는 물론 여러 각도에서 내가 원하는 위치에 놓여 있는지 확인하면서 작업하게 됩니다. 그러므로 시야를 원하는 상태로 이리저리 변경하며 보는 게 쉬울수록 빠르고 원활하게 작업할 수 있습니다. 알려 드린 3가지 방법을 골고루 손에 익힐 수 있도록 연습해 보도록 하세요.

Lesson 8 오브젝트 종류와 선택하여 넣기

지형 위를 꾸밀 수 있는 오브젝트를 넣어 본 후, 각 오브젝트의 속성에 대해 알아보도록 하겠습니다.

01 오브젝트 카테고리 종류 살펴보기

제페토 빌드잇에서 사용할 수 있는 오브젝트는 총 24개의 카테고리로 나뉘어져 있습니다. 각 카테고리에 어떤 성격의 오브젝트들이 있는지 파악하고 있다면 필요한 오브젝트를 좀 더 쉽고 빠르게 찾아볼 수 있습니다.

- **All** 모든 카테고리의 오브젝트
- **New** 새롭게 등록된 오브젝트
- **Props** 실내 인테리어에 필요한 소품과 실내 조명, 소파나 스툴 등의 작은 가구류
- **Buildings** 건물의 외형을 갖춘 오브젝트. 조합하여 건물을 만들 수 있다
- **Env** 자연물, 자연 환경을 구성하는 돌, 나무, 꽃과 같은 식물 오브젝트
- **Effect** 폭죽 효과, 반짝임, 일렁임 등의 그래픽 효과를 낼 수 있는 오브젝트
- **Npc** 월드를 제작할 때 아바타 크기를 미리 가늠해 보는데 활용하는 오브젝트
- **Etc** 다른 카테고리에 속하지 않는 다양한 종류의 오브젝트

Furniture	의자, 침대, 책상, 테이블, TV, 옷장 등의 가구류 오브젝트
Foods	케이크와 샐러드 오브젝트
Traffic	도로, 교통과 관련된 오프젝트(자동차 도로 오브젝트도 포함)
Food	다양한 음식류 오브젝트
Signs	표지판, 안내판은 물론 네온사인 등의 오브젝트
Light	조명 기능이 있는 오브젝트
Spawn	아바타가 처음 도착하는 위치를 지정해 줄 수 있는 오브젝트
Cube	기본 큐브 모양으로, 다양한 색상과 재질의 블록 오브젝트
Polygon	색상과 재질뿐만 아니라 다양한 형태의 도형 블록 오브젝트
Pillar	원기둥 형태의 도형 블록 오브젝트(원뿔형 오브젝트도 포함)
Stair	계단으로 활용할 수 있는 블록 오브젝트
Custom	내 컴퓨터에 있는 이미지 파일을 업로드하여 넣을 수 있는 오브젝트
Round	라운드 형태의 도형 블록 오브젝트. 색상과 재질로 구분하여 사용할 수 있다
Arch	아치 형태의 도형 블록 오브젝트. 색상과 재질로 구분하여 사용할 수 있다
Attach	상호작용이 가능한 오브젝트. 각 오브젝트별로 각기 다른 상호작용 가능
Text	글자 오브젝트. 알파벳과 기본 기호, 숫자 등으로 구성(한글 없음)

Check Point | **저는 카테고리가 몇 개 안보여요**

2열로 배열된 오브젝트 리스트는 옆에 스크롤 바가 있어 마우스로 내리면 되지만, 카테고리 영역에는 스크롤 바가 생기지 않습니다. 하여 개개인이 사용하는 PC 모니터의 해상도에 따라 보여지는 카테고리 수가 다른 경우가 발생합니다. 이럴 경우 카테고리 아이콘이 있는 부분에 마우스 포인터를 올린 후 마우스 휠을 위아래로 굴리면 화면이 스크롤되며 카테고리 리스트를 확인할 수 있답니다. 맨 마지막의 [A Text] 아이콘까지 확인했다면 모든 리스트를 다 볼 수 있는 상태입니다. 꼭 끝까지 스크롤을 내려 보세요.

02 오브젝트 찾아 넣기

좌측 [오브젝트] 탭 영역을 살펴봅니다.

내가 넣고 싶은 오브젝트를 찾을 수 있는 영역입니다. 카테고리별로 클릭하여 살펴보며 원하는 것을 찾거나 검색란에 검색어를 입력하여 찾을 수 있습니다. 원하는 오브젝트를 발견했을 경우 ①마우스 포인터를 해당 오브젝트 위에 올려놓은 후 마우스 왼쪽을 클릭합니다. ②그 상태에서 포인터를 지형 위치로 움직이면, 마우스 포인터에 해당 오브젝트가 깜빡깜빡 거립니다. ③그대로 내가 원하는 위치에 포인터를 옮긴 후 다시 한 번 마우스 왼쪽 버튼을 클릭하면 ④해당 위치에 오브젝트가 놓여진 것을 볼 수 있습니다. 동일한 오브젝트를 반복해서 여러 개 놓고 싶다면, 그대로 ⑤반복하여 놓기 원하는 위치에 마우스 왼쪽 버튼을 클릭하면 됩니다. 더 놓기를 원하지 않을 경우 ⑥마우스 오른쪽 버튼을 클릭하면 해제됩니다.

➕ **따라 하기 B** : 예시 이미지와 설명을 참고하여 지형 위에 'Castle' 오브젝트를 올려놓아 봅니다.

① 좌측 [오브젝트] 탭 영역-카테고리 [Buildings]에서 [Castle]을 선택합니다.

② 중앙에 지형 위에 마우스를 올려놓으면 선택한 오브젝트가 마우스 포인터를 따라다니며 깜박거립니다.

③ 원하는 위치에 놓고 마우스 왼쪽 버튼을 클릭하면 오브젝트가 생성됩니다.

④ (추가로 놓지 않기 위해) 마우스 오른쪽 버튼을 눌러 해제 상태로 되돌립니다. 마우스 포인터에 오브젝트 이미지가 쫓아다니지 않는 상태가 되어야 합니다.

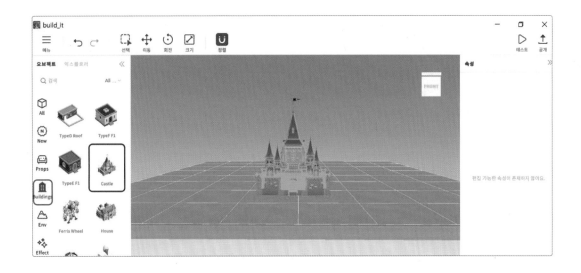

오브젝트의 속성 1 – 속성의 종류와 변환값

01 오브젝트 속성의 종류

지형 위에 올려놓는 오브젝트는 다양한 속성값을 가집니다. 이 속성값에 따라 위치와 크기는 물론 회전 여부, 무게, 색상 등의 조건이 달라집니다. 하나하나 살펴보도록 하겠습니다.

> ➕ **따라 하기 C** : '따라 하기 B'에서 지시한 대로 지형 위에 'Castle' 오브젝트를 클릭해서 놓았다면, 마우스를 다시 한 번 클릭하여 '선택'된 상태로 만듭니다. 오브젝트가 깜박거리고 있다면 '선택' 상태가 맞습니다. 우측 속성 창을 살펴봅니다.

① 이름 : 오브젝트의 기본 이름이 설정되어 있습니다. 초기값은 각 오브젝트 기본 이름으로 설정되어 있고 마우스를 클릭하여 변경 가능합니다.

② 변환 : X, Y, Z 축을 기준으로 위치, 회전, 크기의 각 값을 변경할 수 있습니다.

③ 물리 : 오브젝트에 중력의 유무와 질량값을 부여하여 아바타가 해당 오브젝트와 충돌했을 때 물리적 반응을 설정할 수 있습니다.

④ 색상 : 오브젝트의 색상을 설정할 수 있습니다.

※ 색상과 물리는 'Lesson 11 오브젝트의 속성 2 – 색상/물리'에서 다루겠습니다.

02 오브젝트 속성 - 위치 변경

➕ **따라 하기 D** : 캐슬 오브젝트가 지형 위에 놓여진 상태에서 우측 큐브 아이콘의 [TOP]을 클릭
하여 TOP 뷰로 변경합니다. 우측 속성 화면의 '변환-위치' 항목에서 'X:0, Y:0.996, Z:0'으로 변
경하여 봅니다.

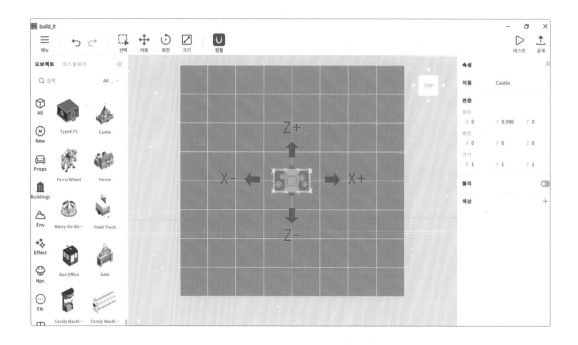

위와 같이 나타나면 이 상태에서 X값을 변경해 보세요. '0'을 기준으로 '-30~30'까지 숫자
를 변경하며 오브젝트의 위치값을 살펴봅니다.

이번에는 Z값을 변경해 보세요. '0'을 기준으로 '-30~30'까지 숫자를 변경하며 오브젝트
의 위치값을 살펴봅니다. TOP 뷰를 기준으로 X축은 가로, Z축은 세로 방향으로 위치값이
변경되는 것을 알 수 있습니다.

자, 여기에서 중요한 부분입니다. 제페토 월드는 2D가 아닌 3D죠. 그래서 가로와 세로축
이 아닌 높이축이 추가됩니다. 이것이 바로 'Y축'입니다.

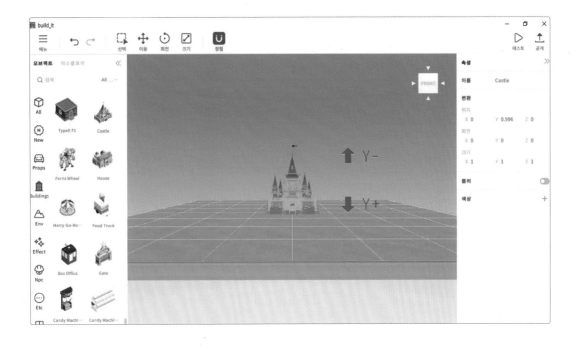

우측 속성 화면에서 '변환–위치' 값 중 Y값을 변경해 보세요. 음수는 지형의 판 아래로 내려가고 양수는 땅 위로 올라가 위치하는 것을 확인할 수 있습니다. 이처럼 위치의 Y값은 높이를 설정할 수 있는 항목입니다.

Check Point | **위치의 Y값 0.996은 무슨 의미인가요?**

제페토 월드를 구성하는 오브젝트는 모두 X, Y, Z축의 값을 가지는 3D 그래픽 요소입니다. 이 중 Y값은 높이를 설정하는 값인데요. 특별한 경우(공중에 떠 있거나 땅속에 파묻혀 있는 등)를 제외하고는 대체로 지형의 지면 위에 올려놓아야 합니다.

오브젝트를 선택하여 지면 위에 올려 두었을 때 지면에 착 달라붙었을 경우, 자동으로 주어지는 Y값이 0.996입니다. 하여 오브젝트가 공중에 떠 있지 않고 땅 위에 잘 얹힌 것인지 확인하고 싶다면 오브젝트를 지형 위에 두었을 때 Y값이 0.996인지 체크하세요. 초반에는 땅 위에 놓으려고 해도 놓고 나면 공중에 떠 있는 경우가 발생할 수 있습니다. 그럴 경우 보이는 시야를 FRONT 상태에서 오브젝트를 지형 경계선에 맞닿도록 놓으면 대체로 0.996값으로 지정됩니다. 익숙해지면 땅 위에 올려놓는 일 따위 어려운 일이 아니지만, 처음 사용하는 이용자라면 내가 올려놓은 오브젝트가 땅 위에 잘 올려졌는지 즉, Y값이 0.996인지 체크하면서 오브젝트를 놓아야 나중에 오브젝트들이 둥둥 떠 있어 일일이 높이 값을 수정해야 하는 경우를 방지할 수 있습니다.

03 오브젝트 속성 - 회전 변경

➕ **따라 하기 F** : 캐슬 오브젝트의 '변환–회전' 값을 변경하여 캐슬 오브젝트가 어떻게 변화하는 지 알아봅니다. X축과 Y축, Z축 모두 기본 값이 '0' 인 상태에서 아래 지시 내용에 따라 한 축 씩 '90'으로 변경하며 오브젝트가 어느 방향으로 회전하는지 살펴봅니다.

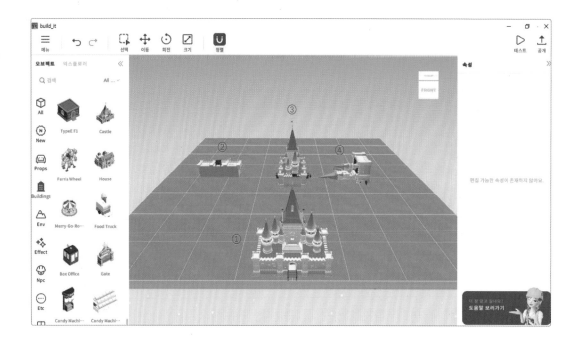

각 축의 회전 값을 변경하여 오브젝트를 다양한 각도로 배치할 수 있습니다.

① 회전 값 X:0 / Y:0 / Z:0으로 설정한 경우: 오브젝트를 처음 지형에 내려놓았을 때의 기본 값입니다. 정면을 바라보고 어느 축으로도 기울어져 있지 않습니다.

② 회전 값 X:90 / Y:0 / Z:0으로 설정한 경우: 오브젝트가 하늘을 바라보고 누워 있습니다.

③ 회전 값 X:0 / Y:90 / Z:0으로 설정한 경우 : 오브젝트가 서 있는 채로 90도 만큼 우회전했습니다.

④ 회전 값 X:0 / Y:0 / Z:90으로 설정한 경우 : 오브젝트가 정면을 바라본 상태에서 옆으로 누워 있습니다.

04 오브젝트 속성 - 크기 변경

⊕ **따라 하기 G** : 캐슬 오브젝트의 '변환-크기' 값을 변경해 봅니다. X, Y, Z 모두 기본 값은 1입니다. 각각의 축의 값을 변경하며 오브젝트의 크기 변화를 살펴봅니다.

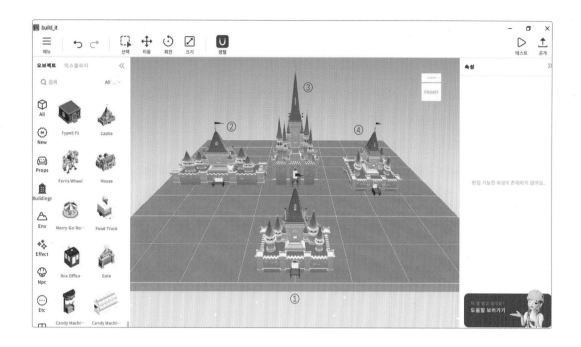

각 축의 크기 값을 변경하여 오브젝트의 크기를 기존 비율과 상관없이 자유자재로 변경할 수 있습니다.

① 크기 값 X:1 / Y:1 / Z:1로 설정한 경우: 오브젝트를 처음 지형에 내려놓았을 때의 기본 값입니다. 기본 값이 모두 1입니다.

② 크기 값 X:2 / Y:1 / Z:1로 설정한 경우: 오브젝트가 가로축을 기준으로 2배 커졌습니다.

③ 크기 값 X:1 / Y:2 / Z:1로 설정한 경우: 오브젝트의 높이가 2배 높아졌습니다.

④ 크기 값 X:1 / Y:1 / Z:2로 설정한 경우: 오브젝트가 세로축을 기준으로 2배 커졌습니다.

⊕ **따라 하기 H** : 캐슬 오브젝트의 변환 값을 구성하는 위치, 회전, 크기 항목을 다양하게 입력하여 오브젝트의 위치, 회전, 크기가 각각 어떻게 변화하는지 살펴봅니다.

메뉴바와 마우스를 활용한 오브젝트 속성 변경

메뉴바 활용하기

앞서 살펴보았던 오브젝트의 속성 값은 좌측 상단 메뉴바의 해당 아이콘을 클릭하여 마우스로 조정할 수 있습니다.

총 5개의 아이콘 메뉴가 있으며 보라색인 경우 활성화된 상태, 회색인 경우 비활성화 상태입니다. 하나하나 살펴보겠습니다.

이동, 회전, 크기 중 어느 것도 설정되지 않았을 경우 기본 값으로 해당 아이콘이 활성화됩니다. 이 상태에서 오브젝트를 클릭하면 '선택'한 상태가 되어 해당 오브젝트가 깜박거립니다.

선택된 오브젝트의 변환–위치값을 변경할 수 있습니다. 이동 아이콘을 클릭하여 활성화시키면 선택된 오브젝트에 총 3개의 축을 기준으로 이동할 수 있는 3개의 화살표 선이 생깁니다. 빨간색(X축), 초록색(Y축), 파란색(Z축)의 색과 방향으로 구분할 수 있습니다. 원하는 방향으로 이동시키려면 마우스 포인터를 화살표 위에 올려놓은 후 마우스 왼쪽 버튼을 클릭한 채로 드래그하면 오브젝트가 축을 기준으로 이동합니다. 각 세 축이 만나는 지점에는 정육면체의 큐브가 있습니다. 총 3개의 면을 선택할 수 있으며 마우스 포인터를 올려놓으면 2개의 축을 의미하는 화살표의 색이 활성화됩니다. 그 상태에서 마우스 왼쪽 버튼을 클릭한 채로 드래그하면 오브젝트가 2개의 축을 기준으로 동시 이동합니다.

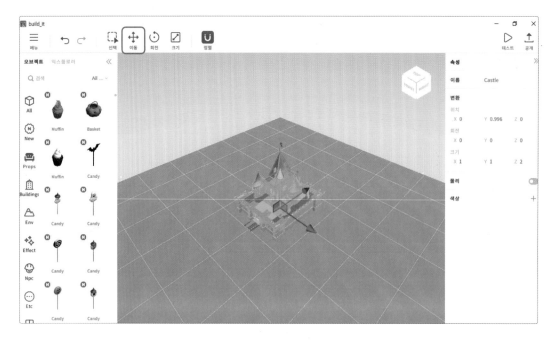

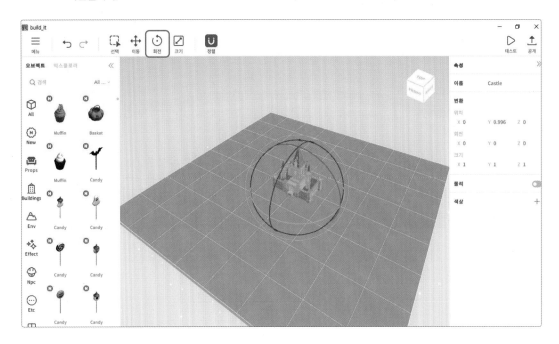

회전 아이콘을 클릭하여 활성화시키면 선택된 오브젝트에 3개의 축으로 회전시킬 수 있는 구 형태의 테두리 선이 생깁니다. 마우스 포인터를 테두리 선에 각각 올린 후 마우스 왼쪽 버튼을 클릭한 채로 굴리면 오브젝트가 해당 축을 기준으로 회전합니다. 또한 선과 선 사이 면 부분을 클릭한 채로 굴리면 3개의 축이 동시에 회전됩니다.

크기 아이콘을 클릭하여 활성화시키면 선택된 오브젝트에 3개의 축으로 크기를 조정할 수 있는 조절선이 생깁니다. 빨간색(X축), 초록색(Y축), 파란색(Z축)의 색과 방향으로 구분할 수 있습니다.

원하는 축으로 크기 조정을 하려면 마우스 포인터를 화살표 위에 올려놓은 후 마우스 왼쪽 버튼을 클릭한 채로 드래그하면 축을 기준으로 오브젝트 크기가 변합니다. 각 세 축이 만나는 지점에는 정육면체의 큐브가 있습니다. 총 3개의 면을 선택할 수 있으며, 마우스 포인터를 올려놓으면 2개의 축을 의미하는 화살표의 색이 활성화됩니다. 그 상태에서 마우스 왼쪽 버튼을 클릭한 채로 드래그하면 2개의 축을 기준으로 동시에 오브젝트 크기가 조정됩니다.

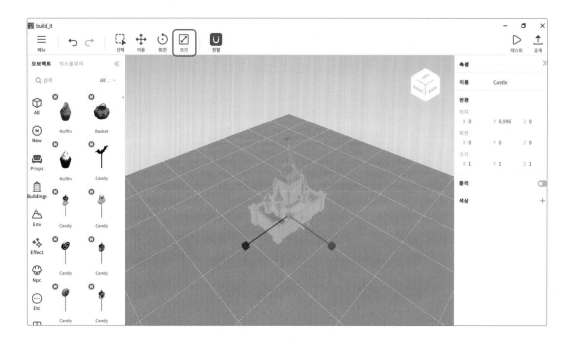

 정렬 아이콘은 기본 세팅값이 활성화되어 있습니다. 보라색이 활성화된 상태로 클릭하여 비활성화(회색) 상태로 변경할 수 있습니다.

정렬이 활성화된 상태입니다. 일종의 자석 기능을 가진 눈금선이 오브젝트의 정렬을 돕습니다. 오브젝트를 반복하여 놓을 때 일정한 간격을 유지하는 데 도움을 줍니다. 정렬이 활성화된 상태에서 이동, 회전, 크기를 마우스로 조정할 시 각 축의 값이 정수(소수가 아닌 수)로만 조정됩니다. 일정한 위치, 회전, 크기 조정이 필요할 때 활성화한 상태로 작업합니다.

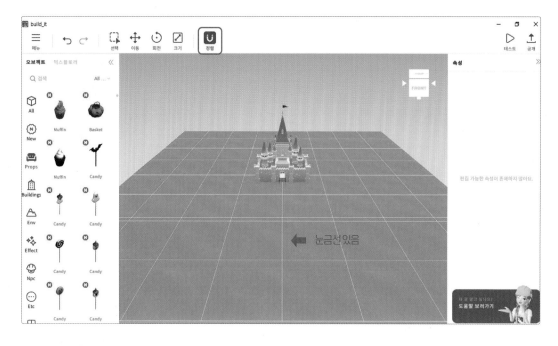

정렬이 비활성화된 상태입니다. 가장 큰 변화는 지형 바닥에 그려져 있던 눈금선이 사라졌습니다. 정렬을 비활성화한 채로 오브젝트를 올려놓을 경우 좀 더 세밀한 조정이 가능합니다. 이동, 회전, 크기를 마우스로 조정할 시 디테일하게 조정할 수 있습니다. 세밀한 위치, 회전, 크기 조정이 필요할 때 비활성화한 상태로 작업합니다.

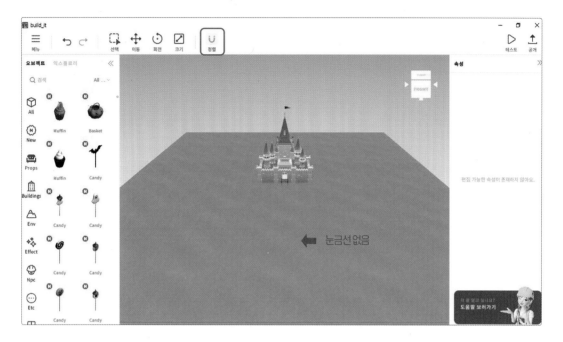

⊕ **따라 하기 I** : 앞에서 설명한 위치, 회전, 크기를 마우스로 조정해 봅니다. 특히, 정렬이 활성화된 상태와 비활성화한 상태에 따라 조정이 어떻게 다른지 차이를 살펴봅니다.

Check Point | 왜 오브젝트가 내 마음대로 조정되지 않나요?

제페토 빌드잇 제작 수업을 하다 보면 이러한 질문을 하는 수강생이 매우 많습니다. 이런 경우 거의 99%는 '정렬' 아이콘이 활성화되어 있는 경우입니다. 세밀한 조정을 하기 원할 때는 꼭 '정렬' 아이콘을 '비활성화'로 설정하여 작업해 보세요. 일정한 간격의 가로수를 심는다든지, 큐브 블록으로 벽돌 쌓기를 하여 벽을 세우는 경우에는 '정렬' 기능이 도움이 되지만 대부분은 그리 도움되지 않는 편이니 수시로 활성화 여부를 확인하도록 합니다.

오브젝트로 지형 채우기

앞서 살펴보았던 대로, 카테고리별로 오브젝트가 나뉘어져 있지만 그 경계가 모호하여 원하는 오브젝트를 카테고리 분류로 쉽게 찾을 수 없는 경우가 있습니다. 여기서는 새로운 맵(plain)을 열어 다양한 오브젝트를 올려놓는 실습을 해보도록 합니다. 아래 포인트를 고려해서 마음껏 다양한 오브젝트를 올려놓으며 빌드잇과 친해지는 시간을 가져봅니다.

Point ① 시야 이동을 자유롭게 할 수 있나요? 마우스와 키보드 그리고 우측 상단의 큐브 아이콘을 골고루 사용하면서 자유롭게 이동해 보도록 해요.

Point ② 오브젝트의 위치/회전/크기를 다양하게 조정해 보세요. 마우스로 조정하는 방법과 속성 창의 값을 입력하여 조정하는 방법을 적절하게 번갈아 가면서 활용해 보세요.

Point ③ 여러분이 만들려고 하는 월드의 콘셉트와 어울릴 만한 오브젝트들이 무엇이 있고 어느 카테고리에 있는지 찾아보면서 놓아 보세요.

Point ④ 각 오브젝트의 기본 크기 값은 매우 다양합니다. 어떤 오브젝트는 아바타의 손바닥 크기와 맞먹을 만큼 작다면, 어떤 오브젝트는 아바타 10명이 둘러싸도 모자랄 만큼 큰 오브젝트도 있습니다. 각 오브젝트별 기본 크기 값을 고려하면서 놓아 보세요.

Point ⑤ 오브젝트를 놓을 때 어떤 시야각 상태로 보는 것이 편한지 여러 각으로 테스트해 보세요. 가로세로 축뿐만 아니라 높이축까지 고려해서 놓아야 합니다. 오브젝트를 놓을 당시에 어떤 각도에서 놓느냐가 높이 값에 영향을 주기 때문입니다.

오브젝트를 원하는 위치(가로(X축)와 세로(Z축))에 잘 올려두었다고 생각되더라도 원하는 높이(Y축)에 제대로 놓였는지 시야각을 이리저리 돌려보며 다시 확인해야 합니다. 우리 눈앞에 바둑판이 있다고 생각해 보세요. 바둑판을 내려다보면 가로선과 세로선이 그려져 있을 것입니다. 바둑판에 그려져 눈으로 파악할 수 있는 위치가 X축과 Z축인 것입니다. 하지만 빌드잇과 같은 3차원 그래픽에서는 바둑판에 그려진 X축과 Z축에 Y축이라는 높이축이 추가됩니다. 바둑판 위 허공이 바로 Y축이 되는 거죠. 이 개념을 생각하지 않고 오브젝트를 넣는다면, 오브젝트가 허공에 둥둥 떠다녀 다시 높이 값을 지정해야 하는 수고를 반복해야 할 수도 있습니다.

다음은 실제 워크숍 참여자 분들이 수업 시간 내에 실습한 결과물입니다.

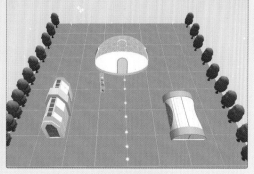

Lesson 11   오브젝트의 속성 2 – 색상/물리

01 오브젝트 색상 설정하기

빌드잇에서 제공되는 오브젝트의 대부분은 기본적인 색상 값을 가지고 있습니다. 따라서 색상 설정을 하게 되면 선택한 색으로 변하는 것이 아니라 색이 덧입혀집니다. 하지만 Base 계열 오브젝트나 흰색 오브젝트는 색상 설정에 따라 색이 변합니다. 그 차이를 알아보기 위해 여러 가지 오브젝트를 올려놓고 비교해 보도록 하겠습니다.

> ➕ **따라 하기 J** : 빌드잇 메인 화면에서 [Plain] 맵을 클릭하여 새로운 맵을 생성합니다. 다음 지시에 따라 여러 가지 오브젝트를 놓은 후 각각 색상 설정을 변경하여 색상 속성이 어떻게 적용되는지 알아보세요.

① 새로운 맵에 오브젝트 6가지를 나열해 보았습니다.

A Props → Sofa_01 : 기본 컬러(흰색 제외)를 가진 오브젝트입니다.

B Props → Table : 컬러가 흰색만 있는 오브젝트입니다.

C Furniture → Bunk Beds : 기본 컬러가 흰색+다른 색을 가진 오브젝트입니다.

D Cube → Base : 모두 흰색만 있는 오브젝트입니다.

E Cube → Black Earth : D와 같은 큐브이지만 색을 이미 가진 오브젝트입니다.

F Text → A : 글자 오브젝트입니다.

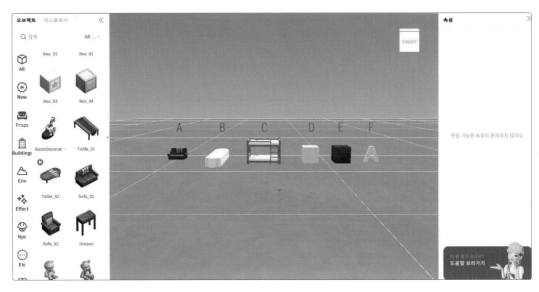

② 6개의 오브젝트에 모두 동일한 색상을 설정해 보겠습니다. 오브젝트를 선택(깜박거리는 상태)한 후 우측 속성 영역에서 '색상' 텍스트 옆의 [+] 버튼을 클릭합니다. 색상 팔레트 중에서 원하는 색을 클릭하면 해당 오브젝트의 색상이 변경됩니다. 여기서는 노란색으로 선택하여 모든 오브젝트의 색을 변경했습니다.

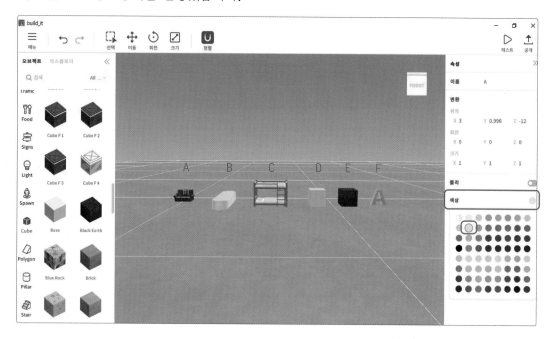

기본 색상이 흰색인 Base 오브젝트(D)와 Text 오브젝트(F)는 색상 팔레트에서 적용된 색이 전체적으로 적용됩니다. 오브젝트 전체(B) 혹은 부분(C)에 흰색이 있을 경우 흰색 부분에는 팔레트에서 선택한 색이 그대로 적용되지만 같은 오브젝트 안에 있더라도 이미 다른 색을 띄고 있다면 선택한 노란색이 덧입혀 보입니다. 아예 다른 색을 가지고 있는 오브젝트(A)는 일반적인 오브젝트는 물론 큐브 오브젝트(E)이더라도 색상이 본연의 색상에 덧입혀집니다. 이렇듯 색상 속성의 변경은 기존에 고유한 색상이 있는 경우는 되도록 사용을 지양하고 Base 오브젝트와 Text 오브젝트에 적용하는 것을 권합니다.

02 오브젝트 물리 설정하기

빌드잇에서 이용되는 오브젝트는 기본값 중 물리 설정이 비활성화되어 있습니다. 이는 아바타가 아무리 물리적인 힘을 주더라도 오브젝트는 영향을 받지 않고 지정된 위치에 그대로 고정되어 있다는 의미입니다. 아바타가 부딪히기 쉬운 건물 벽이라든지 걸어 올라가는 계단 등은 당연히 물리적 힘에 움직이지 않아야겠죠. 하지만 그렇지 않은 오브젝트가 있다면 아바타에게 새로운 경험을 제공할 수 있습니다. 오브젝트가 물리적인 변화를 일으킬 수 있도록 물리 값을 다양하게 설정해본 후 그 차이를 알아보겠습니다.

⊕ **따라 하기 K** : 빌드잇 메인 화면에서 [Plain] 맵을 클릭하여 새로운 맵을 생성합니다. 아래 지시에 따라 총 5개의 공을 넣고 각각의 물리값을 다르게 설정하여 그 차이를 알아보세요.

① 좌측 오브젝트 탭에서 공 오브젝트를 찾아 넣어봅니다. 카테고리를 [All]로 설정한 후 검색란에 'ball'이라고 검색합니다. 검색 결과에 나타나는 리스트 중 공 모양의 풍선 5개를 일렬로 놓아봅니다. 여기서는 구분을 쉽게 하기 위해서 각기 다른 무늬의 오브젝트를 놓았으며 각각 알파벳 A, B, C, D, E로 부르겠습니다.

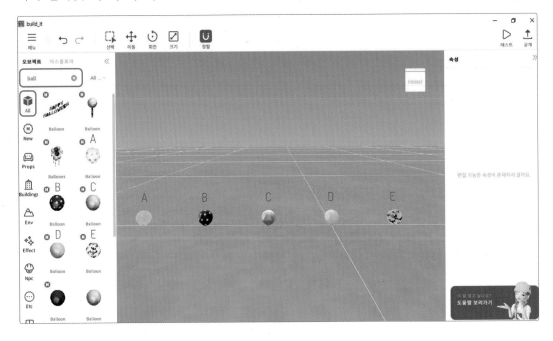

② 각각의 오브젝트를 선택하여 우측의 속성 창에서 물리 값을 변경하여 줍니다.

A 물리 설정 변경 없음(오브젝트를 삽입 시 기본 설정 값)

B 물리 속성 ON / 중력 ON / 질량 값 1

C 물리 속성 ON / 중력 ON / 질량 값 30

D 물리 속성 ON / 중력 OFF / 질량 값 1

E 물리 속성 ON / 중력 OFF / 질량 값 30

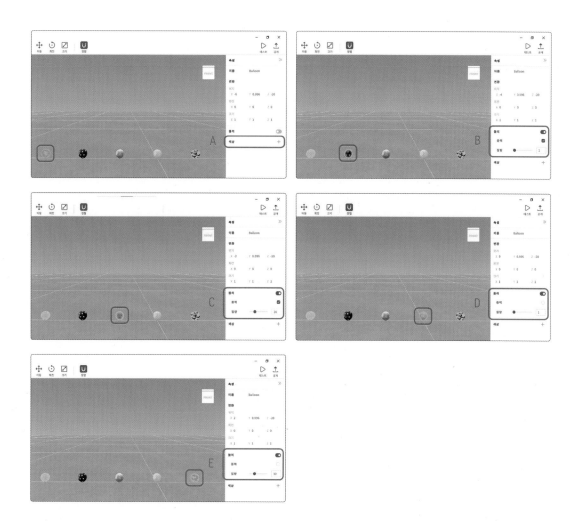

　오브젝트에 대한 물리 설정을 끝냈습니다. 적용된 물리 설정에 따라 어떻게 반응하는지 확인하려면 테스트 모드에 진입해서 볼 수 있습니다. 결과는 'Lesson 12. 테스트 모드'에서 설명한 후 'Skill up 02 테스트 모드에서 오브젝트와 부딪혀 보기'에서 확인할 수 있습니다.

Lesson 12 테스트 모드

01 아바타가 직접 돌아다니며 확인하는 테스트 모드

빌드잇에서 제작하는 맵은 편집 모드에서 이루어집니다. 따라서 실제 제페토 앱을 플레이하듯 아바타가 직접 돌아다니면서 편집 중인 맵을 파악할 수 있는 테스트 모드 기능을 제공하고 있습니다.

> ⊕ **따라 하기 L** : '따라 하기 K'를 통해 5개의 공에 물리값을 각각 설정했다면, 화면 우측 상단의 [테스트] 아이콘을 클릭하여 테스트 모드를 실행합니다.

테스트 모드에 입장하면 나의 제페토 계정에서 생성한 아바타가 월드에 입장합니다. 이곳에서 아바타는 내가 만든 월드를 돌아다닐 수 있습니다. 아바타를 기준으로 월드를 둘러보면서 돌아다니기 불편하지 않은지, 아바타의 시점으로 오브젝트가 어떻게 보이는지 등을 살펴볼 수 있습니다. 아바타가 등장하는 위치는 월드의 정중앙이며, 이 영역에 만일 오브젝트가 이미 놓여져 있다면 그 위에 서 있게 됩니다. 아바타의 등장 위치는 Spawn 오브젝트로 설정할 수 있습니다. 이는 'Lesson 16 특수 기능 오브젝트의 활용'에서 소개하겠습니다.

156 | 우리 모두 메타버스 크리에이터

02 테스트 모드에서 시야 바꾸기/걷기/점프하기

아바타가 처음 테스트 모드에 등장하면 가만히 서 있습니다. 마우스와 키보드를 이용하여 아바타의 시야를 바꾸고 걷고 뛸 수 있습니다.

 화살표 방향키 : 화살표 방향에 따라 아바타가 이동합니다.

 마우스 : 클릭하지 않은 상태에서 상하좌우로 움직이면 시야가 바뀝니다.

 스페이스 바 : 점프합니다.

 Esc키 : 테스트 모드 종료 후 편집 화면으로 돌아갑니다.

03 테스트 모드에서 상호작용하기

테스트 모드에서 특정 오브젝트들의 상호작용 기능을 테스트해볼 수 있습니다. 'Lesson 16' 와 'Lesson 17'에서 소개할 특수 기능과 상호작용 오브젝트들을 테스트 모드에서 실행해 볼 수 있는 단축키를 소개합니다. 내가 만들고 있는 월드에서 아바타가 돌아다니면 어떨지 월드를 제작하면서 수시로 테스트 모드로 들어가 확인하며 작업하는 습관을 들이도록 합니다.

 상호작용 실행 : 상호작용 기능이 있는 오브젝트 근처에서 상호작용 아이콘을 Ctrl 을 누른 채 마우스 왼쪽 클릭하여 실행하면 오브젝트 기능에 따라 실행됩니다.

 상호작용 해제 : 상호작용이 적용된 상태에서 해제됩니다.

앞서 'Lesson 11'에서 5개의 공 오브젝트에 물리 값을 다양하게 적용했습니다. 오브젝트의 물리 설정은 테스트 모드에서만 확인할 수 있습니다. 함께 따라 해볼까요?

> ➕ **따라 하기 M** : '따라 하기 **L**'을 통해 테스트 모드에 진입하면, 아바타가 공 오브젝트와 멀리 떨어져 있을 겁니다. 화살표키로 아바타를 이동하여 처음 공을 일렬(A–B–C–D–E순)로 놓았던 위치에 서 봅니다. 그리고 공에 가까이 가서 아바타로 공을 부딪혀 봅니다. 공이 각각 다르게 반응할 것입니다.

A 아바타가 아무리 건드려도 꿈쩍도 하지 않습니다. 모든 오브젝트의 기본값입니다. 아바타에게 물리적인 영향을 받지 않습니다.

B와 C 아바타가 부딪히면 반대 방향으로 움직입니다. 단, 중력이 있어 땅에 붙은 채로 질량의 크기에 따라 좀 더 가볍거나 무겁게 이동합니다.

D와 E 아바타가 부딪히면 반대 방향으로 날아갑니다. 중력이 없으므로 공중으로 날아가게 되는 것입니다. 질량에 따라 좀 더 가볍거나 무겁게 날아갑니다.

모든 오브젝트가 땅에 고정되어 있고 아바타에게 물리적인 영향을 받지 않는 것이 일반적입니다만, 물리 설정을 통해 독특한 경험을 선사할 수 있습니다. 예를 들면, 아바타들이 공과 같은 오브젝트를 밀게끔 한다거나, 풍선 오브젝트를 몸으로 부딪혀 하늘에 날리는 등의 경험 말이죠. 그 외에도 다양한 아이디어를 적용해 오브젝트의 물리값 설정 기능을 활용해 보세요.

Lesson 13 맵 저장하기

생성한 맵 저장하는 법

제페토 빌드잇으로 월드를 제작하다 보면 프로그램 또는 컴퓨터가 갑자기 먹통이 되어 정성껏 만든 작업물이 날아가 버리는 상황이 생기기도 합니다. 제페토 빌드잇 제작 워크숍 교육 중에도 이러한 한탄 소리가 종종 들려오기도 하죠. 다른 프로그램도 마찬가지겠지만, 빌드잇 같은 그래픽 편집 프로그램의 경우 더더욱 수시로 저장하여 힘들게 만든 결과물이 무용지물 되어 버리는 일이 없어야 할 것입니다. 여기서는 생성한 맵을 저장하는 방법을 소개합니다.

① 좌측 상단의 [메뉴] 아이콘을 클릭한 후 [저장]을 선택합니다.

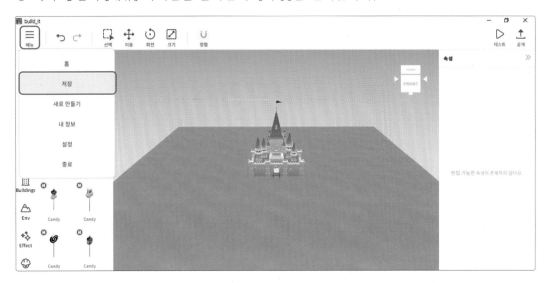

② 팝업 창이 뜨면 맵 이름을 입력한 후 [저장] 버튼을 클릭합니다.

③ 저장된 맵은 빌드잇 메인 화면에서 [내가 만든 맵]을 클릭하면 최근 저장한 순으로 볼 수 있습니다.

Lesson 14 단축키 활용하기

'Lesson 10'에서 소개한 오브젝트를 조정하는 기능을 선택하기 위해서는 상단의 메뉴바에서 해당 아이콘을 클릭해야 했습니다. 하지만 단축키를 활용하면 좀 더 원활한 조정이 가능합니다. 뿐만 아니라 되돌리기, 복사, 붙여 넣기 등 여타 프로그램에서도 통용되는 단축키를 사용할 수 있습니다. 그 종류에 대해 알아보겠습니다.

01 기본 단축키

오브젝트의 선택/이동/회전/크기/정렬 등을 설정할 수 있는 상단 메뉴 버튼인 이 있습니다. 이 버튼을 마우스로 클릭할 필요 없이 키보드의 숫자키로 조정할 수 있습니다.

왼손으로는 숫자키를 누른 후 오른손으로는 마우스로 오브젝트를 조정하면 보다 빠른 전환을 할 수 있습니다. 처음엔 다소 서툴더라도 꼭 습관을 들여 작업 속도를 높여 보세요.

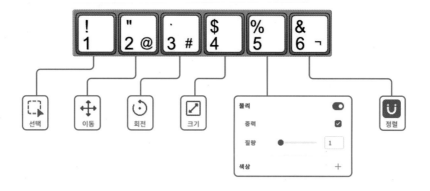

02 그 외 단축키

그래픽 편집 프로그램은 실행 취소, 복사, 붙여 넣기, 복제 등의 기능을 자주 쓰게 됩니다. 이와 관련하여 빈번히 사용되는 단축키를 포함하여 다양한 단축키에 대해 알아보겠습니다.

단축키	기능	설명
Ctrl + Z	되돌리기	가장 최근에 실행한 설정을 취소하는 기능
Ctrl + S	저장	편집 중인 맵을 저장
Ctrl + C	복사	선택된 오브젝트를 복사
Ctrl + V	붙여 넣기	복사한 오브젝트를 붙여 넣기

Ctrl + D	복제	선택된 오브젝트와 동일한 오브젝트 추가
Delete	삭제	선택한 오브젝트 삭제
F	포커스(시야 이동)	선택한 오브젝트의 정면을 볼 수 있도록 시야 이동
Ctrl	오브젝트 여러 개 선택	오브젝트를 여러 개 선택할 경우 ctrl 을 누른 채 여러 개의 오브젝트를 마우스로 선택
Ctrl + G	오브젝트 묶기(그룹)	선택된 여러 개의 오브젝트를 하나의 그룹으로 설정
Ctrl + P	테스트 모드 입장	테스트 모드 이동
Ctrl + 1	오브젝트 탭 선택	좌측 바 영역 탭 : 오브젝트 리스트 보기
Ctrl + 2	익스플로러 탭 선택	좌측 바 영역 탭 : 지형 설정 및 삽입된 오브젝트 리스트 보기
Tab	탭 일괄 펼치기/닫기	좌측 바 영역 탭 펼치기/닫기
F2	이름 변경	선택한 오브젝트 이름 변경

Check Point **단축키를 꼭 써야 하나요? 마우스만으로도 충분하지 않나요?**

단축키를 설명해 드리면 머리가 아파오는 분들이 계십니다. 그냥 만들면 될 것 같은데 굳이 복잡하게 단축키를 써야 하나고요. 물론 단축키를 쓰지 않고 마우스로 메뉴 클릭, 조정, 마우스 오른쪽 클릭 등을 활용해서 작업이 가능합니다. 하지만 점점 작업이 복잡해지고 다양해지면 마우스 하나로만 모든 명령을 수행하기에는 효율이 떨어집니다. 왼손으로는 단축키를 누르고 오른손으로는 마우스 커서로 오브젝트를 조정하면 마우스를 오른쪽, 왼쪽으로 움직일 필요 없이 더욱 빠르고 편리하게 작업할 수 있답니다.

'가장 많이 사용하게 되는 단축키는 무엇인가요?'라는 질문을 종종 받습니다. 그럴 때 저는 망설임 없이 바로 F 키라고 말합니다. F 만 잘 활용해도 시야를 조정하는 시간이 매우 줄어들기 때문입니다.

먼 곳으로 이동해야 할 때

맵의 좌측 하단에서 편집 작업을 하다가 우측 상단으로 시야를 이동해 작업할 경우, 원하는 시점으로 이동하기 위해 여러 번의 마우스와 키보드 활용이 필요합니다. 하지만 멀리서도 내가 이동하기 원하는 위치 근처에 있는 아무 오브젝트나 선택하여 F 를 누르면 순간적으로 시야가 이동됩니다. 이렇게 맵을 종횡무진할 수 있는 치트키로 사용할 수 있답니다.

잘 안보이는 오브젝트를 찾아야 할 때

여러 오브젝트를 겹쳐서 설치하다 보면 특정 오브젝트가 다른 오브젝트에 묻혀 선택조차 되지 않는 경우가 있습니다. 아예 잘 보이지 않는 경우도 있죠. 이럴 때는 좌측 탭에서 [익스플로러]를 선택하고 해당 오브젝트 이름을 찾아 클릭한 뒤 F 를 누르면 해당 오브젝트를 포커싱하여 보여 줍니다.

Skill up 03 템플릿 맵 파헤쳐 보기

아직 시야를 변경하고 오브젝트를 세밀하게 조정하는 것이 익숙하지 않을 것입니다. 그렇다고 '무작정 만들다 보면 실력이 늘겠지'라는 생각으로 시작하게 되면 쉽게 지치고 맙니다. 그럴 때에는 제페토 빌드잇에서 제공하는 다양한 템플릿 맵을 파헤쳐 보도록 해요.

제페토 빌드잇에는 Plain 맵 이외 6개의 템플릿 맵을 제공하고 있습니다. 각각 콘셉트가 다른 템플릿 맵은 다양한 오브젝트들로 구성되어 있습니다. 바로 이 템플릿 맵들을 하나하나 뜯어 보면서 힌트를 얻는 시간을 가지기를 권합니다. 앞서 'Skill up 01'에서 오브젝트를 다양하게 넣는 연습을 해봤다면, 이제는 잘 놓여져 있는 오브젝트들을 파헤쳐 보면서 감을 익혀 보는 거죠. 어차피 내가 만든 맵이 아니기 때문에 더 사정없이 마구잡이로 파헤쳐 볼 수 있겠죠? 이곳저곳을 뜯어보면서 아래의 몇 가지 포인트를 생각해 보세요.

Point ① 놓여져 있는 오브젝트들의 이름 기억하기

건물의 창문을 만든 오브젝트가 무엇인지, 바닥에 놓인 보도블록 오브젝트가 무엇인지 알고 싶다면 '선택'한 상태에서 우측 속성 창의 '이름'을 보면 됩니다. 기억해 두었다가 나의 새로운 맵을 만들 때 그 오브젝트 이름으로 검색해서 넣으면 더 쉽고 빠르게 적절한 오브젝트를 찾을 수 있습니다.

Point ② 만들어진 건물들의 위치나 방향을 변경해 보기

하나의 오브젝트를 옮기거나 회전하는 것은 쉬울 것입니다. 하지만 여러 오브젝트로 만들어진 집합체를 한꺼번에 옮기거나 회전하는 것은 기술이 필요합니다. 이 과정에서 원하는 오브젝트만 선택하고 위치/회전/크기를 각 축별로 조정할 수 있는 스킬을 익힐 수 있습니다.

가상 월드를 짓는 제페토 빌드잇 실습 워크숍

Step 01 – 제페토 빌드잇 설치와 살펴보기

Step 02 – 제페토 빌드잇 기초

Step 03 – 제페토 빌드잇 실전 1. 오브젝트 활용

Lesson 15 큐브 오브젝트의 활용
Lesson 16 특수 기능 오브젝트의 활용
Lesson 17 상호작용 오브젝트의 활용
Lesson 18 숨은 상호작용 오브젝트의 활용
Lesson 19 Custom 오브젝트의 활용

Step 04 – 제페토 빌드잇 실전 2. 지형 및 월드 세팅

Step 05 – 제페토 빌드잇 실전 3. 기능 101% 활용법

Step 06 – 제페토 빌드잇 등록 및 공개

Bonus Step – 제페토 아이템 제작하여 판매하기

Step 03 | 제페토 빌드잇 실전 1. 오브젝트 활용

앞서 빌드잇 프로그램을 사용하기 위한 기초 기능에 대해 살펴보았습니다. 여기서는 더 나아가 월드를 제작할 수 있는 오브젝트 요소의 사용 방법에 대해 알아보겠습니다.

Lesson 15 | 큐브 오브젝트의 활용

앞서 다양한 오브젝트 종류를 살펴보았습니다. 그중 월드를 제작하면서 가장 많이 활용하는 오브젝트인 큐브 오브젝트의 활용법을 알아봅니다. 작은 구조물에서부터 건물을 짓는데 기본이 되는 오브젝트이며, 활용도가 매우 높으므로 실습하며 손에 익혀 보기 바랍니다.

01 큐브로 건물 짓기 첫 번째 방법: 벽 세우기

● **따라 하기 N** : 빌드잇 메인 화면에서 [Plain] 맵을 선택하여 새로운 맵을 엽니다. 좌측 오브젝트 탭에서 [Cube]-[Base]를 선택하여 월드에 올려놓은 후 크기를 조정하여 아바타가 들어갈 수 있는 박스를 만들어 보도록 하겠습니다. 아래 설명을 보고 따라 해 보세요.

① [Cube]-[Base]를 차례대로 선택한 다음 오브젝트를 지형 위에 올려놓습니다.

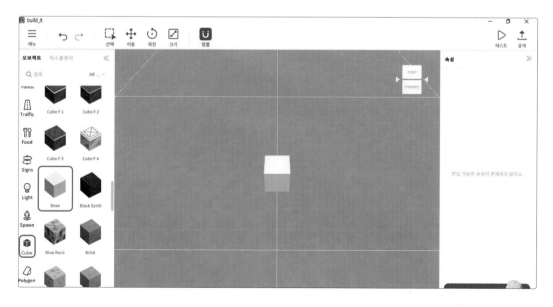

② 오브젝트의 크기를 조정하여 아바타가 들어갈 만한 박스 건물의 왼쪽 벽을 만들어 봅니다. 참고로 정렬 해제한 상태에서 조정하세요.

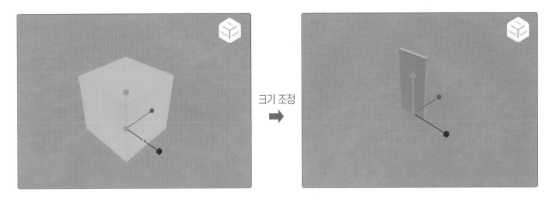

크기 조정

③ 벽 사이즈로 만들었다면, 이 벽과 마주할 벽을 세워봅니다. 새로 큐브 오브젝트를 불러올 필요 없이 이미 만든 오브젝트를 복사(Ctrl + C)한 후 붙여 넣기(Ctrl + V)합니다. 붙여 넣기한 큐브의 Y값이 0.996인지 체크하세요.

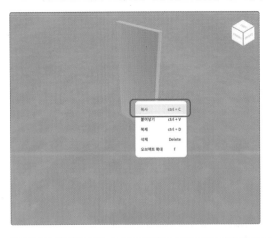

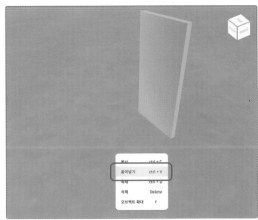

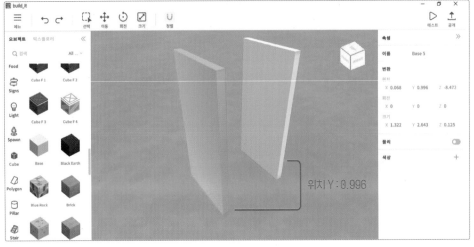

④ 두 개의 오브젝트가 마주보고 서 있을 수 있도록 이동시킵니다. 참고로, 우측 상단의 큐브 아이콘으로 '뷰'를 'TOP'으로 설정한 후 조정하면 더욱 편리합니다.

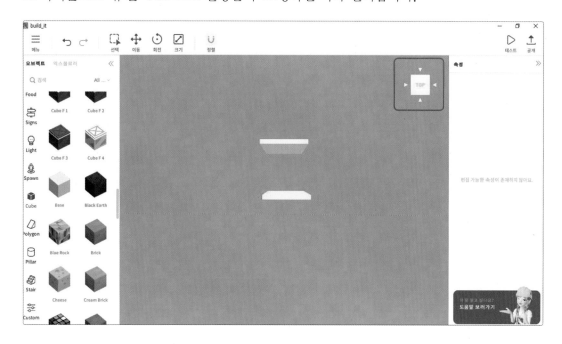

⑤ 뒷벽이 될 오브젝트 역시 복사(Ctrl + C)한 후 붙여 넣기(Ctrl + V)를 통해 만든 후 회전 Y값을 변경하여 'ㄷ' 모양을 만듭니다(90° or 270°).

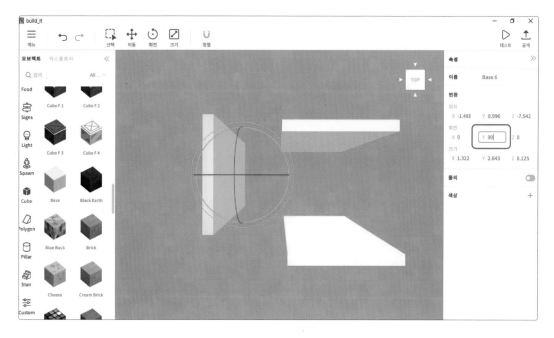

⑥ 각 모서리를 겹치거나 떨어지지 않도록 맞물리게 맞춘 후 색상을 변경합니다.

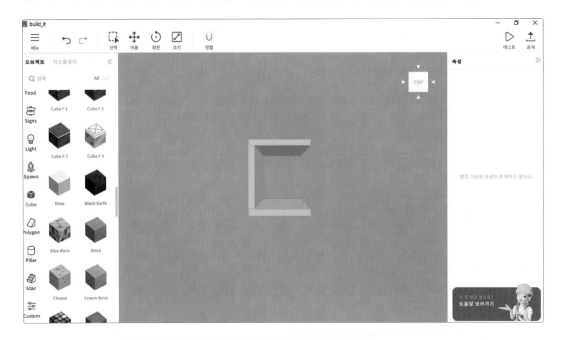

⑦ 앞문은 유리문으로 만들겠습니다. 좌측 오브젝트 탭에서 [Cube]-[Glass]를 차례대로 선택하여 삽입합니다.

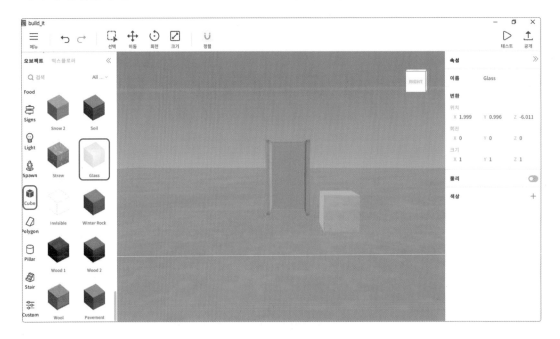

⑧ 유리 오브젝트 역시 크기와 위치값을 변경하여 문 위치에 놓아줍니다. 아바타가 들어갈 수 있는 공간을 비워 놓으세요.

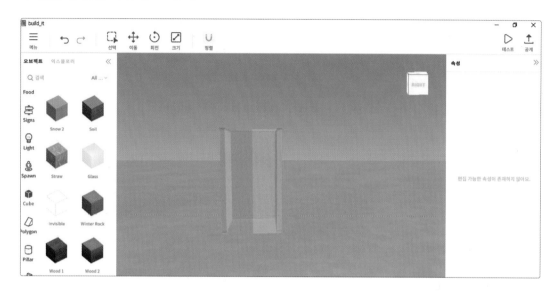

02 큐브로 건물 짓기 두 번째 방법: 벽돌 쌓기

앞서 큐브 카테고리 오브젝트 중 가장 기본이 되는 베이스 오브젝트로 벽을 세웠습니다. 단색의 벽을 세우고 싶다면 베이스 오브젝트를 사용하면 좋지만, 벽돌 무늬 등의 일정한 반복 패턴의 벽을 세울 때는 베이스 오브젝트로는 어려움이 있습니다.

아래는 패턴이 다른 A와 B벽의 예시입니다. A벽은 벽돌 무늬 큐브 오브젝트를 늘려서 세운 것이고 B벽은 벽돌을 쌓듯 세웠습니다.

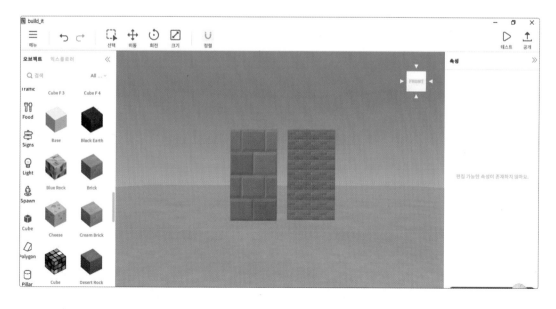

⊕ **따라 하기 ⓪** : 좌측 오브젝트 탭에서 [Cube]–[Brick] 오브젝트를 선택하여 월드에 올려놓습니다. 이후 벽돌 크기로 조정하여 여러 개를 올려 벽돌로 쌓은 듯한 벽을 세워 보겠습니다.

① [Cube]–[Brick] 오브젝트를 차례대로 선택합니다. 월드에 올려놓은 후 벽돌 크기로 변경합니다.

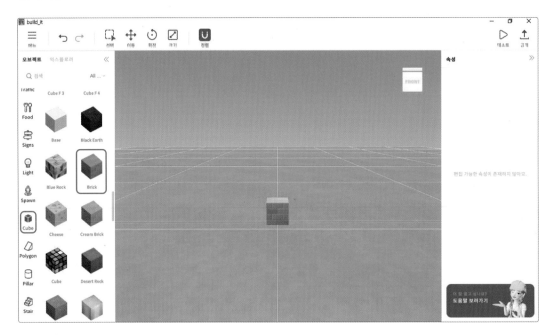

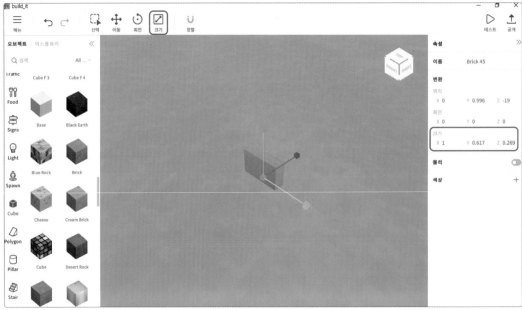

② 해당 오브젝트를 선택한 상태에서 마우스 오른쪽 버튼을 누른 다음 [복제(Ctrl + D)]를 반복해서 선택합니다. 동일한 오브젝트가 위로 쌓입니다.

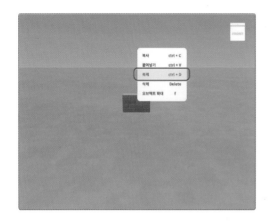

③ 원하는 높이만큼 벽돌을 쌓았다면 맨 위에 있는 벽돌의 위치(X, Y값)를 변경하거나 복사 +붙여넣기를 통해 동일한 벽돌 오브젝트를 옆에 놓아 둡니다. 여기서 Y값이 0.996인지 꼭 확인하세요. 벽돌이 동일한 높이로 깔려 있어야 무늬가 일정해집니다.

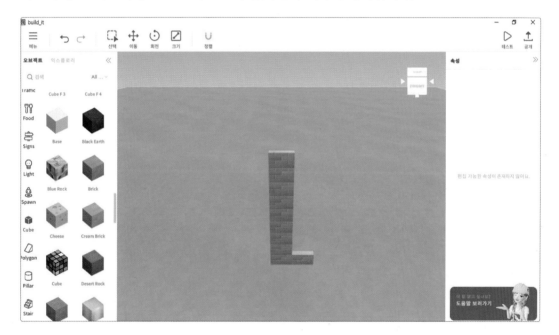

④ ②번과 같이 복제 기능을 활용하여 쌓아올린 후 ③번과 같이 반복하여 가로로 길이를 늘려 벽을 세웁니다.

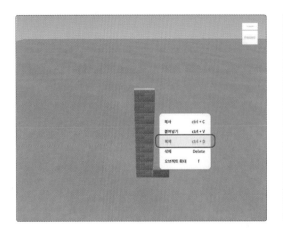
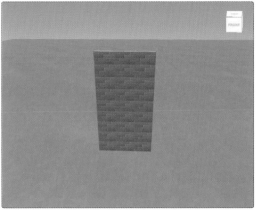

큐브 오브젝트로 건물 벽을 세우는 2가지 방법을 설명하는 이유는 추후에 크고 복잡한 건물일수록 어떤 방법으로 벽을 세웠느냐에 따라 수정해야 하는 범위가 달라지기 때문입니다. 이미 건물을 다 세우고 실내 인테리어까지 진행된 상황이라면 인테리어를 위해 자리 잡은 오브젝트들을 건드리지 않으면서 벽과 바닥을 바꾸는 작업을 해야 합니다. 결국, 하다 보면 차라리 처음부터 다시 만드는 것이 낫겠다 싶은 생각이 들기도 합니다. 따라서 처음부터 건물을 지을 때 어떤 무늬로, 어떤 구조로 건물을 지을 것인지 미리 기획한 후 기획에 맞게 벽을 세우면 추후 수정이 생기더라도 조금이라도 손이 덜 갈 수 있습니다.

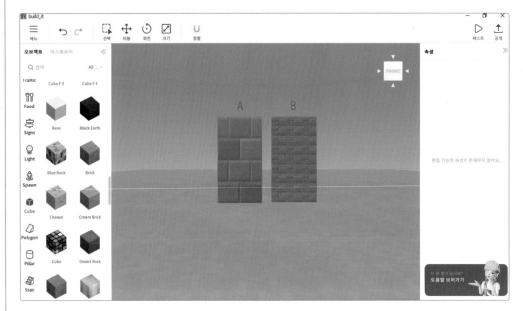

위와 같이 2개의 벽을 세웠을 경우 A벽으로 짓는 것이 B벽으로 짓는 것보다 시간이 훨씬 적게 걸릴 것입니다. 그러나 만일 벽에 문을 넣어야 할 경우가 생긴다면 A벽은 아예 처음부터 다시 벽을 만들어야 하고 B벽은 문이나 창문이 들어갈 부분의 오브젝트만 제거하면 됩니다.

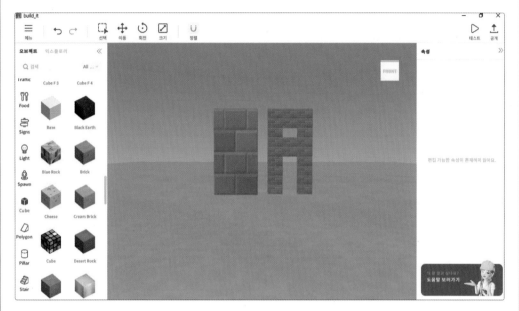

위와 같이 말이죠. 이런 경우가 아니더라도 층간 구조가 다른 경우 등에도 벽과 바닥 오브젝트의 변형이 일어날 수 밖에 없습니다. 2가지 방법 중 어느 쪽이 더 낫다고 판단해서 만드는 것보다 진행 상황을 미리 기획하고 그에 맞게 대응하며 2가지 방법을 적절히 병행하여 조금씩 섞어 가면서 건물을 제작하기를 추천합니다.

제페토 빌드잇 워크숍을 진행하면서 본격 만들기의 실습 항목으로 '박스'를 제시하는 이유는 오브젝트의 크기와 위치, 회전 값을 적절히 조정하면서 각 오브젝트가 겹쳐지지 않도록 맞물리게 설치해 보는 연습이 필요하기 때문입니다. 이 과정에서 FRONT, TOP 등의 다양한 뷰를 전환하여 볼 필요가 생기는데, 오브젝트 조정뿐만 아니라 시야를 자유자재로 변경해 보는 연습도 자연스럽게 할 수 있습니다. 여러분도 눈으로 보고 지나치지 말고 직접 마우스와 키보드를 조정해 나만의 박스를 만들어 보며 빌드잇과 더욱 친해져 보세요.

Point ① 선택한 오브젝트를 원하는 위치에 놓을 수 있나요?

Point ② 오브젝트를 원하는 크기로 조성해볼 수 있나요(마우스와 우측 속성 장 값 변경)?

Point ③ 복제/복사/붙여 넣기 기능을 활용하여 선택한 오브젝트와 동일한 오브젝트를 생성할 수 있나요?

Point ④ 오브젝트와 오브젝트를 겹치지 않게 밀착하여 배열할 수 있나요?

Point ⑤ 배열하기 위해 시야를 원하는 방향으로 자유자재로 바꿀 수 있나요?

5가지의 포인트가 어렵지 않게 수행된다면, 제페토 빌드잇에 어느 정도 익숙해졌다고 볼 수 있을 것입니다. 이 과정의 반복이 바로 빌드잇 제작의 핵심 기술이라 볼 수 있기 때문에 꼭 지나치지 말고 손에 익혀 보세요.

다음은 실제 워크숍 참여자 분들이 수업 시간 내에 실습한 결과물입니다.

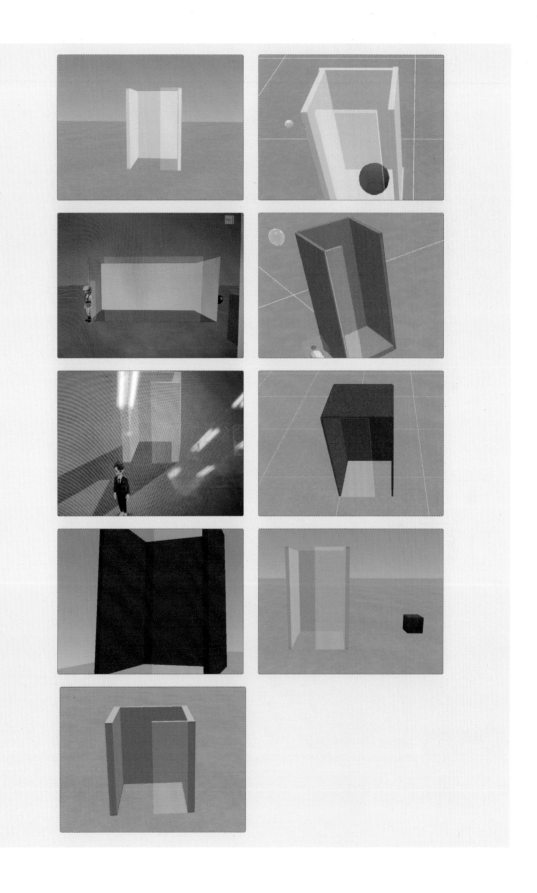

Lesson 16 **특수 기능 오브젝트의 활용**

제페토 빌드잇에는 다양한 디자인의 오브젝트들이 있습니다. 이 오브젝트들은 디자인뿐만 아니라 고유의 기능을 발휘하기도 합니다. 특수 기능을 할 수 있도록 제공된 오브젝트들을 하나씩 살펴보도록 하겠습니다.

01 NPC 오브젝트 활용법

NPC 카테고리에는 총 3개의 NPC 오브젝트가 있습니다. 이 오브젝트는 별도의 기능을 보유하고 있지는 않고 월드를 제작하는 데 있어 아바타 대비 크기를 가늠할 수 있는 용도로 사용됩니다. 예를 들어, 건물을 지었을 때 건물의 문 크기가 아바타가 드나들기 적절한 크기인지, 계단의 높이가 아바타 크기 대비 적절한 높이로 설정되었는지, 액자가 아바타 눈높이에 걸려 있는지 등을 일일이 테스트 모드에서 살펴볼 필요 없이 편집 화면에서 NPC 오브젝트를 옆에 두고 작업하면 효율적입니다.

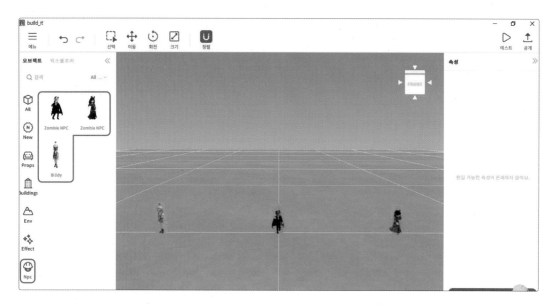

Check Point | **NPC는 무슨 뜻인가요?**

NPC란 보통 게임에서 사용되는 단어로 Non Player Character의 약자입니다. 즉, 게임 이용자가 조작하는 캐릭터가 아닌 부수적 기능을 하는 캐릭터라는 의미입니다. 빌드잇에서도 직접적으로 월드를 만드는데 역할을 하는 것은 아니지만, 크기를 가늠하게 해주거나 이용자의 이동 경로를 안내하는 자리에 서 있는 등의 도우미 역할을 하는 오브젝트라 볼 수 있습니다.

02 Spawn 오브젝트 활용법

월드를 제작하여 제페토 앱에 등록 완료하면 많은 아바타들이 제페토 월드에 방문합니다. 월드에 방문할 때 맨 처음 어디에 등장하느냐를 결정해 주는 오브젝트가 바로 Spawn 카테고리의 오브젝트입니다. Spawn 오브젝트를 설치해 두면 아바타가 그 위에 서 있는 상태로 월드에 입장합니다. 월드에 입장했을 때의 첫인상을 결정짓는 오브젝트이기 때문에 어디에 어느 방향으로 둘 것인지 전략적으로 고려하여 설정해야 합니다.

> ⊕ **따라 하기 [P]** : 좌측 오브젝트 탭에서 Spawn 카테고리에 속한 오브젝트들 중 최대한 여러 개의 Spawn 오브젝트를 진열해 봅니다. 테스트 모드에 들어가서 각각의 Spawn이 어떻게 보이는지 비교해 보고 나의 월드 콘셉트에 맞는 오브젝트를 선택해 봅니다.

① 좌측 오브젝트 탭에서 Spawn 카테고리에 있는 오브젝트들을 여러 개 나열했습니다. 각각 오브젝트의 색깔과 모양뿐만 아니라 빛과 일렁임 등의 효과 또한 오브젝트별로 다양합니다. 우측 상단의 [테스트] 아이콘을 클릭해 테스트 모드로 들어갑니다.

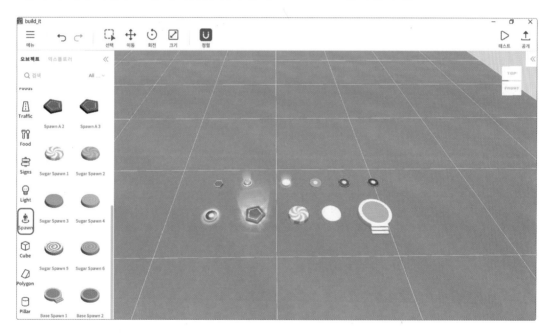

② 아바타가 Spawn 오브젝트 위에 등장합니다.

- Spawn이 여러 개일 경우: 랜덤으로 선택된 하나의 오브젝트 위에 등장합니다.

- Spawn의 개수가 동시 입장하는 아바타보다 많을 경우: 아바타가 여러 개의 Spawn에 나뉘어 등장합니다.

– Spawn의 개수가 동시 입장하는 아바타보다 적을 경우: 아바타가 먼저 떨어진 아바타의 머리 위에 올라서 있습니다.

– Spawn이 없을 경우: 월드에 Spawn 오브젝트가 없을 경우 맵의 한가운데에 떨어집니다. 이때 월드 한가운데 다른 오브젝트가 놓여져 있을 경우 그 오브젝트의 위에 떨어집니다(Castle 오브젝트가 놓여 있을 경우 Castle 꼭대기에 올라서 있게 됩니다).

Check Point **Spawn 오브젝트를 왜 여기저기 두고 제작하나요?**

워크숍을 할 때 실습을 하게 되면 교육생 여러분에게 Spawn을 여기저기 옮겨 두게끔 가이드를 제시합니다. 월드를 제작하면 오브젝트를 설치하고 테스트 모드로 들어가 원하는 형태로 설정이 되었는지를 반복 확인해야 합니다. 그때 테스트 모드에 입장한 위치 즉, Spawn이 설치된 위치가 지금 작업하고 있는 공간과 멀리 떨어져 있다면 테스트 모드에 들어갈 때마다 아바타를 뛰게 해서 테스트 위치까지 오게끔 해야 합니다. 그럴 필요 없이 지금 작업 중인 위치 바로 옆에 Spawn 오브젝트를 두면 아바타가 굳이 뛰어 올 시간이 필요하지 않죠. 이렇듯 Spawn 오브젝트는 월드에 입장하는 다른 이용자를 위한 오브젝트일 뿐만 아니라 월드를 제작하는 동안 제작자도 유용하게 활용할 수 있는 오브젝트입니다.

03 Beam Gate 오브젝트 (with Elevator Platform)

아바타와 물리적으로 닿으면 아바타를 Spawn 위치(처음 월드에 입장한 위치)로 이동하게 하는 기능을 가진 오브젝트가 바로 Beam Gate입니다. 보통 탈출 맵을 제작할 때 방해 아이템으로 설정해 놓으면 좋은 오브젝트입니다. 이 기능은 Elevator Platform과 함께 쓰면 더욱 재미를 줄 수 있어 같이 소개합니다.

● **따라 하기 Q** : 좌측 오브젝트 탭 검색 창에 'Elevator'와 'Beam'이라는 키워드를 각각 입력(카테고리는 All 활성화)하여 아래 예시와 같이 오브젝트들을 설치한 후 테스트 모드를 통해 어떻게 반응하는지 알아보세요.

① 오브젝트 검색란에 'elevator'를 검색하면 Elevator Platform 오브젝트 2가지가 나옵니다. 2개 모두 맵에 놓습니다. 두 개의 오브젝트 구성이 어떤 차이가 있는지 살펴보세요.

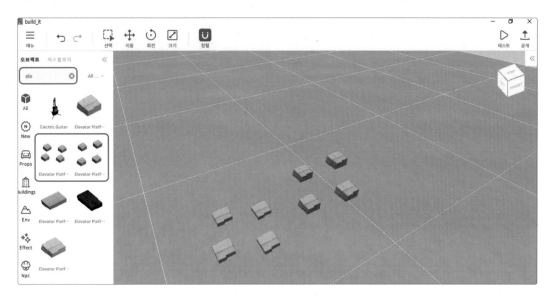

② 오브젝트 검색란에 'beam'을 검색하면 다양한 Beam Gate를 볼 수 있습니다. 기존에 설치된 Elevator Platform의 움직임을 고려하여 Beam Gate를 설치해 봅니다. 우측 상단의 [테스트] 아이콘을 클릭해 테스트 모드로 들어갑니다.

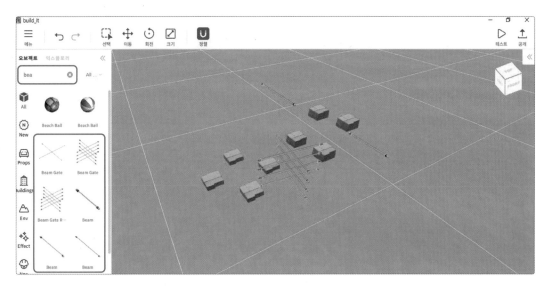

③ Elevator Platform에 올라서 봅니다. Beam Gate에 부딪히지 않게 Elevator Platform 으로 건너가 봅니다. 타이밍을 놓쳐 Beam Gate에 부딪히게 되면 Spawn 위치로 되돌아가 게 됩니다.

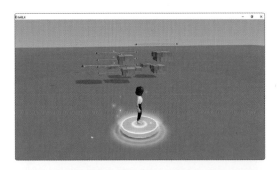
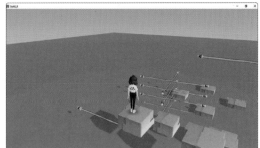
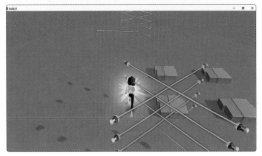

Lesson 17 상호작용 오브젝트의 활용

아바타가 가까이 오면 상호작용을 할 수 있는 기능이 활성화되는 오브젝트가 있습니다. 이 러한 상호작용이 가능한 오브젝트는 Attach 카테고리에 모여 있습니다. 그 외에도 다른 카 테고리 곳곳에 숨어 있기도 합니다. Attach 카테고리에 속한 상호작용 오브젝트들을 살펴보 겠습니다.

01 Attach 오브젝트 활용법

➕ **따라 하기 R** : 좌측 오브젝트 탭의 Attach 카테고리에서 볼 수 있는 4개의 오브젝트를 모두 놓 아 테스트 모드에서 어떤 상호작용이 일어나는지 따라 해보세요.

① 좌측 오브젝트 탭의 Attach 카테고리에 속해 있는 4개의 오브젝트(A:UmbrellaStand1, B:UmbellaStand2, C:Locker, D:Easel)를 나란히 놓습니다. 우측 상단 [테스트] 아이콘을 클릭해 테스트 모드로 들어갑니다.

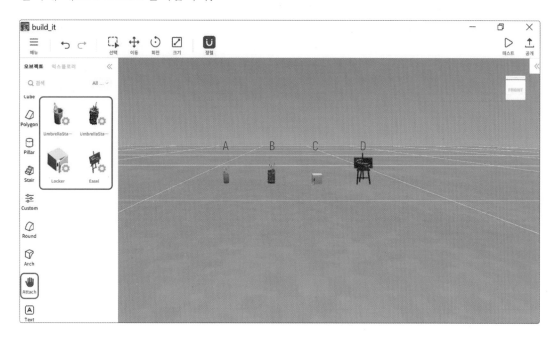

② 상호작용이 가능한 오브젝트에 가까이 가면 오브젝트 주변에 ➕ 아이콘이 뜹니다. 키보드의 Ctrl 을 누른 채 해당 아이콘을 클릭하면 각 오브젝트별 상호작용 기능에 따라 아바타가 반응합니다.

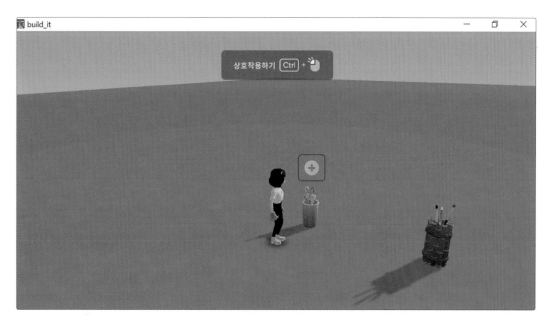

· A(UmbrellaStand1) **결과:** 랜덤으로 우산을 바꿔 쓸 수 있는 우산통입니다. 랜덤 우산 중 우산살만 있는 우산도 포함되어 있어 재미를 줍니다.

· B(UmbellaStand2) **결과:** 역시 랜덤으로 우산을 바꿔 쓸 수 있는 우산통입니다. 랜덤으로 우산살만 있는 우산과 도깨비방망이가 포함되어 있어 재미를 줍니다.

· C(Locker) **결과:** 아바타의 손에 물건이 쥐어집니다. 리코더, 손거울, 요술봉이 랜덤으로 바뀝니다.

· D(Easel) **결과:** 알파벳이 새겨진 다양한 색상의 풍선을 들고 있을 수 있습니다.

Lesson 18 숨은 상호작용 오브젝트의 활용

앞서 살펴본 상호작용이 가능한 오브젝트를 모아놓은 Attach 카테고리에는 4개의 오브젝트만 볼 수 있습니다. 하지만 이외에도 상호작용이 가능한 오브젝트들이 카테고리 이곳저곳에 나뉘어 숨어 있습니다. 검색을 통해 숨은 상호작용 오브젝트를 하나하나 찾아보도록 하겠습니다.

⊕ **따라하기** ⑤ : 좌측 오브젝트 탭의 검색 창에서 아래 제시하는 검색 키워드를 사용하여 숨어 있는 상호작용 오브젝트들을 찾아 나열해본 후 테스트 모드에서 어떻게 반응하는지 살펴보세요.

01 자동차를 탈 수 있는 오브젝트

① 좌측 오브젝트 탭의 검색란에 'Vehicle'을 검색한 후 목록에서 [Vehicle Kiosk] 오브젝트를 선택하여 맵 위에 올려놓으세요. 검색되지 않는다면 카테고리를 All로 설정했는지 확인하세요. 기본 값이 화면과 같이 뉘어놓아 있습니다. 내가 보이는 방향으로 바꾸고 싶을 때는 회전 값을 변경하세요. 이후 테스트 모드로 들어갑니다.

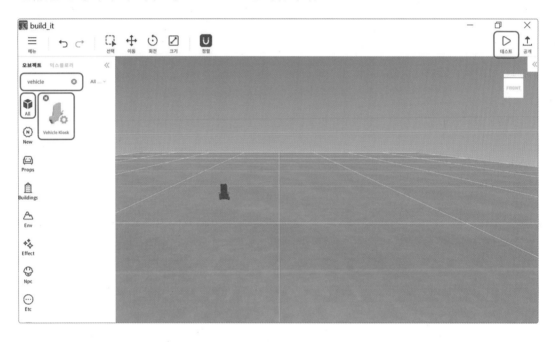

② 오브젝트 근처에 가면 가 나타납니다. Ctrl 을 누른 채로 클릭하면 다음 화면과 같이 자동차에 타게 됩니다. 제페토 어플리케이션에서 탈 경우에는 이용자가 차 색상을 선택하여 탈 수 있지만, 빌드잇 프로그램에서 테스트 모드로 탈 경우에는 차를 선택하는 과정 없이 랜덤으로 타게 됩니다.

Check Point 자동차를 탔을 때의 방향을 설정할 수 없나요?

Vehicle Kiosk 오브젝트를 선택하여 자동차를 탔을 경우 자동차의 방향이 직진을 할 수 없는 방향으로 탑승하게 되어 불편할 수 있습니다. 운전이 능숙하면 괜찮지만 운전이 익숙하지 않은 이용자의 경우 후진과 전진을 반복해야지만 겨우 원하는 길로 나갈 수 있죠. 아쉽게도 오브젝트 자체에서 차에 탑승할 시의 방향을 정하는 기능은 따로 제공하고 있지 않습니다. 최초 탑승 방향은 아바타가 해당 오브젝트를 선택할 당시에 서 있던 방향과 동일하게 적용되고 있습니다. 그래서 되도록 Vehicle Kiosk 주변에는 운전을 방해하지 않도록 오브젝트 배치를 최소화하는 것이 좋습니다.

02 순간 이동 오브젝트

① 좌측 오브젝트 탭의 검색란에 'portal'을 검색한 후 목록에서 [Portal] 오브젝트를 선택하여 맵 위에 올려놓으세요. 놓자마자 화면 상단에 알림 메시지가 나타납니다. Portal 오브젝트는 Save Point 오브젝트와 함께 써야 기능이 발휘됩니다.

② 좌측 오브젝트 탭의 검색란에 'save'를 검색한 후 목록에서 [Save Point] 오브젝트를 선택하여 맵 위에 올려놓으세요. 놓자마자 화면 상단에 알림 메시지가 나타납니다. 이미 Portal 오브젝트를 두었다면 무시해도 됩니다.

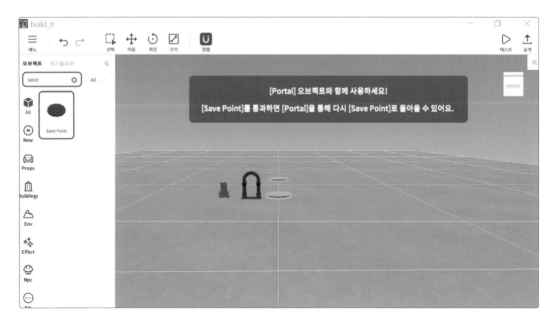

③ 아바타를 움직여 Portal 오브젝트 앞에 서 보세요. 상호작용 오브젝트인데도 아무 반응이 없습니다. Portal 오브젝트를 활성화시키기 위해서는 아바타가 Save Point에 올라서서 오브젝트의 상호작용 기능을 활성화시켜야 합니다.

④ 아바타가 Save Point 오브젝트 위에 올라서면 다음 화면과 같이 Save Point 오브젝트와 Portal 오브젝트가 활성화되며 각각의 오브젝트에 일렁임 효과가 나타납니다.

⑤ 아바타가 다시 Portal 오브젝트 앞에 서면  아이콘이 나타납니다. Ctrl 을 누른 채 클릭하면 알림 메시지가 뜹니다. [OK]를 누르면 아바타가 Save Point로 순간 이동한 것을 확인할 수 있습니다.

Portal 오브젝트는 일종의 순간 이동 기능을 제공합니다. 아바타가 맵의 먼 곳으로 이동하게 하고 싶을 때 적절히 사용하면 방문자에게 새로운 경험을 선사함과 동시에 원하는 곳까지 직접 이동해야 하는 피로감을 감소시킬 수 있습니다. 다만, 이 기능을 적용 가능하게 하려면 아바타가 Save Point 위에 꼭 한 번은 올라서야 합니다. 이러한 조건으로 인해 Save Point를 어디에 어떻게 두어야 아바타가 거쳐 갈 수 있을지 고민하게 됩니다. 저도 같은 고민을 하며 이런저런 생각을 해본 끝에 2가지 활용 방안을 모색했습니다.

아바타가 꼭 거쳐 가야 하는 곳에 두세요.
아바타에게 일일이 'Save Point에 꼭 올라갔다가 Portal을 이용하세요'라고 안내할 수는 없습니다. 그러므로 아바타가 꼭 거쳐 가야 하는 곳을 만들어 둔 후 그곳에 Save Point를 설치해 놓습니다. 예를 들어 점프맵이 끝나는 곳에 Portal 오브젝트를 두었다면 점프맵이 시작되는 스타트 지점에 입구를 만들어(양쪽에 담이나 울타리 등으로 드나들게 유도) 그 입구 바닥에 Save Point를 두는 방법입니다. 이것도 여의치 않다면 아바타가 어쩔 수 없이 꼭 한 번은 지나쳐야 하는 곳인 Spawn 지점에 깔아 놓아도 좋습니다.

굳이 땅 위에 놓을 필요가 없습니다.
Portal 기능을 사용하기 위해 2개의 오브젝트를 올려놓았을 때 중세시대에서나 볼 듯한 2개의 오브젝트 디자인과 색감 때문에 당혹감을 느꼈습니다. Portal과 Save Point 모두 제작 중인 소셜프로그 교육센터 월드의 콘셉트와 너무 맞지 않은 칙칙한 색이었기 때문입니다. 여러 아이디어를 짜다가 결국 생각해 낸 방법이 바로 땅 위에 올려놓지 않고 바닥에 살짝 심어 놓는 것이었습니다.
아래는 Spwan 오브젝트와 겹쳐서 깔아 놓은 이미지입니다. Save Point 오브젝트가 주변 인테리어와 어울리지 않네요.

Save Point 오브젝트를 바닥 아래로 Y축 값을 조정하여 내렸습니다.

방문자(아바타)에게는 Save Point 오브젝트가 보이지 않습니다. 하지만 Spawn 오브젝트를 통해 입장하면서 동시에 Save Point 오브젝트 위에 올라섰기 때문에 Portal 오브젝트의 순간 이동 기능을 사용할 수 있게 됩니다.

03 벤치(앉기 가능) 오브젝트

① 좌측 오브젝트 탭의 검색란에 'bench'를 검색하면 여러 개의 Bench 오브젝트가 나타납니다. 그중 상호작용이 가능한 오브젝트는 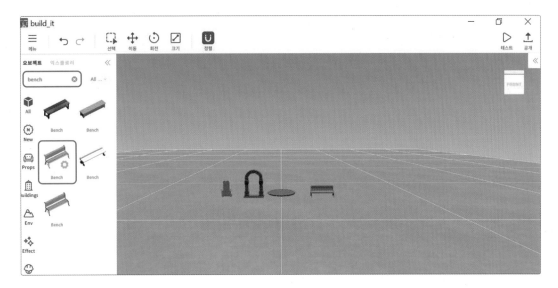아이콘과 같이 상호작용 아이콘이 붙어 있습니다. 이 아이콘이 없는 오브젝트는 동일한 디자인이더라도 상호작용이 적용되지 않습니다. 상호작용이 가능한 Bench 오브젝트를 선택하여 맵 위에 올려놓으세요. 이후 테스트 모드로 들어갑니다.

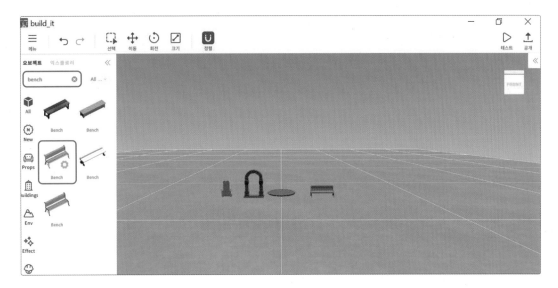

② 아바타가 Bench 오브젝트에 가까이 가면 ⊕ 가 나타납니다. Ctrl 을 누른 채 클릭하면 다음 화면과 같이 의자에 앉을 수 있습니다.

04 타이머 오브젝트

① 좌측 오브젝트 탭에서 검색란에 'timer'를 검색한 후 목록에서 [Timer Start] 오브젝트를 선택하여 맵 위에 올려놓으세요. 놓자마자 화면 상단에 알림 메시지가 나타납니다. Timer Start 오브젝트는 Timer Finish 오브젝트와 함께 써야 기능이 발휘됩니다.

② 좌측 오브젝트 탭의 검색란에 'timer'를 검색한 후 목록에서 [Timer Finish] 오브젝트를 선택하여 맵 위에 올려놓으세요. 놓자마자 화면 상단에 알림 메시지가 나타납니다. 이미 Timer Start 오브젝트를 두었다면 신경 쓰지 않아도 됩니다. 이후 테스트 모드로 들어갑니다.

③ 아바타가 오브젝트 근처에 가면 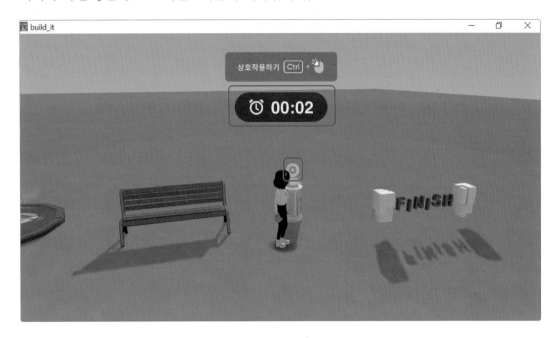 아이콘이 나타납니다. Ctrl 을 누른 채 클릭하면 타이머가 화면 상단에 뜨고 카운트다운이 시작됩니다.

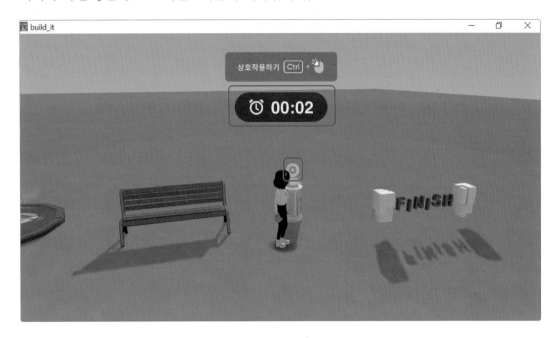

④ Timer Finish 오브젝트를 지나가면 화면 상단에 뜬 카운트다운이 사라집니다.

Lesson 19 Custom 오브젝트의 활용

앞서 소개한 오브젝트는 그 모양과 색상이 정해져 있었습니다. 여기서는 업로드한 이미지 파일로 표면이 변경되는 커스텀 오브젝트를 알아보도록 하겠습니다.

01 커스텀 오브젝트의 종류와 활용

좌측 오브젝트 탭의 Custom 카테고리에 있는 오브젝트들이 바로 이미지 적용이 가능한 오브젝트입니다. 각 오브젝트의 모양에 따라 비율이 다릅니다. 아래 예시에서 적용하는 방법을 알아봅니다.

⊕ **따라 하기 T** : Custom 카테고리에 있는 오브젝트들을 하나씩 놓고 이미지를 업로드하여 적용해 봅니다. 비율에 따라, 놓는 방향에 따라 어떻게 다르게 보이는지 살펴보세요.

① 좌측 오브젝트 탭의 Custom 카테고리에 속한 오브젝트 중 몇 가지를 맵 위에 올려놓습니다. 여기서는 Display, Canvas, Beam Display 1, Stand Sign 2, Billboard 1, Billboard 4를 놓았습니다. 각각의 오브젝트 크기는 기본값(1, 1, 1)으로 변경하지 않았습니다. 벽에 붙어 있는 액자와 같이 연출하기 위해 [Cube]-[Base]를 선택하여 벽도 세웠습니다.

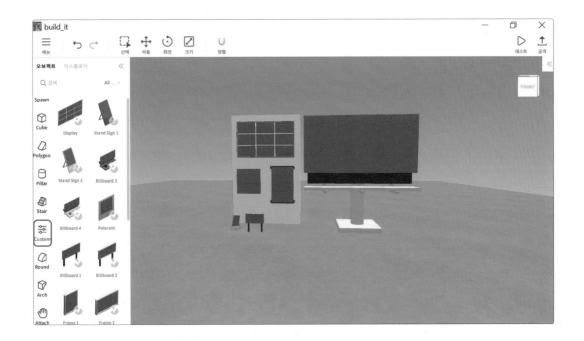

② 이미지를 넣기 원하는 오브젝트를 선택합니다. 우측 속성 창의 맨 밑에 [이미지] 아이콘을 볼 수 있습니다. [+] 부분을 클릭하면 이미지를 등록할 수 있는 팝업 창이 뜹니다.

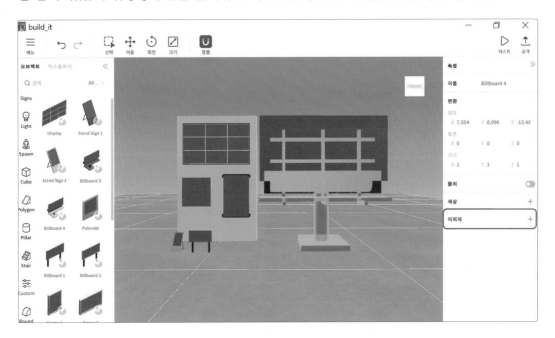

③ 이미지 파일을 등록할 수 있는 보관함이 나타납니다. 총 20개의 이미지 파일을 등록할 수 있으며 등록된 이미지는 해당 맵 내에서 반복해서 사용할 수 있습니다. 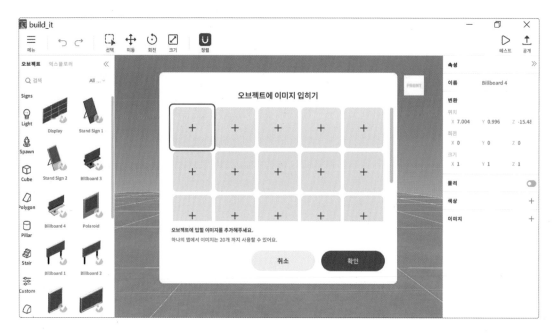 아이콘을 클릭하면 이미지를 업로드할 수 있는 파일 선택 창이 뜹니다.

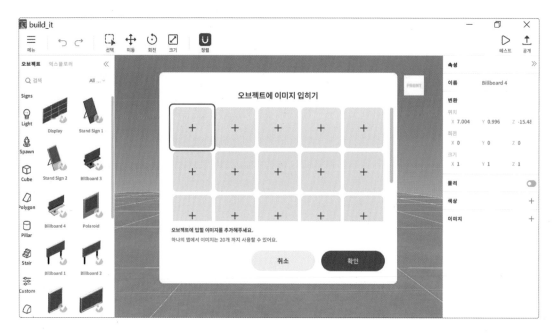

④ 컴퓨터에 저장된 파일 중 jpg, png 형식의 이미지 파일을 선택하여 업로드할 수 있습니다.

⑤ 업로드된 이미지는 팝업 창에 등록되며 다른 오브젝트에도 반복하여 적용할 수 있습니다. 이미지 우측 상단의 🗑 아이콘을 클릭하면 해당 이미지를 삭제할 수 있습니다. 선택된 오브젝트에 적용하고 싶은 이미지를 선택한 후 [확인]을 클릭합니다.

⑥ 선택한 이미지가 오브젝트에 입혀진 것을 확인할 수 있습니다.

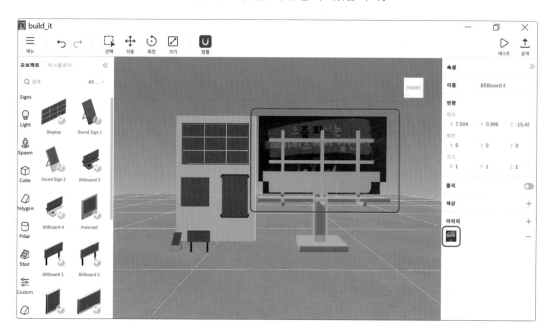

⑦ 위에서 설명한 방식으로 다양한 Custom 오브젝트에 이미지를 입힐 수 있습니다.

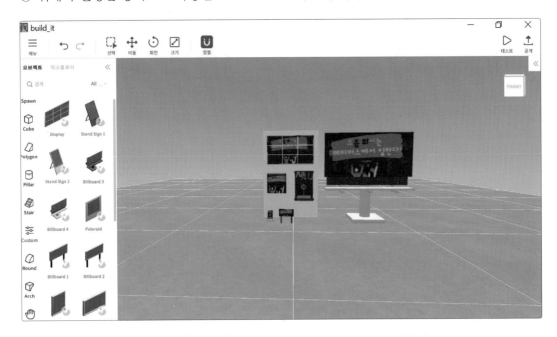

Custom의 프레임(사각 틀) 형식 오브젝트들은 일정한 가로세로 비율이 있습니다. 이 비율에 꼭 맞춰서 넣어야 하는지 궁금해 하는 교육생 분들이 많습니다. 우선 각 오브젝트에는 기본 비율이 있습니다. 비율은 아래와 같습니다.

Display	5:3	Canvas	1:1
Stand Sign1,2	2:3	Beam Display 1,2	2:3
Billboard 1,2, 3, 4	2:1	Beam Display 3	8:5
Polaroid	2:1	Beam Display 4	3:4
Frame 1	2:3	Beam Display 5	4:7
Frame 2	3:2		

이미지를 넣을 때 삽입하려는 이미지의 비율이 오브젝트의 비율과 대략 비슷하면 기존 크기의 오브젝트 그대로 활용할 수 있고 만일, 비율이 다르다면 오브젝트 자체의 크기를 조정하면 됩니다. 이럴 경우 기존 프레임이 더 얇아지거나 굵어질 수 있습니다. 오브젝트의 기본 프레임의 굵기로 유지하고 싶다면 오브젝트의 기본 비율에 맞게 이미지 크기를 수정하여 업로드하세요.

02 큐브, 구 모양의 커스텀 오브젝트 활용

Custom 카테고리에 속해 있는 오브젝트 중 프레임(사각 틀) 형태가 아닌 다른 모양의 오브젝트가 2개 있습니다. 이 오브젝트들을 어떻게 활용해야 하는지 알아보겠습니다.

⊕ **따라 하기 U** : Custom 카테고리에 있는 오브젝트 중 Sphere와 Cube 오브젝트에 아래 예시
에 따라 다양한 이미지를 적용해 봅니다. 각각 적용한 이미지가 어떻게 입혀지는지 살펴보세요.

① 좌측 오브젝트 탭에서 Custom 카테고리에 속해 있는 오브젝트 중 [Sphere]와 [Cube] 오
브젝트를 각각 2개씩 맵 위에 올려놓습니다.

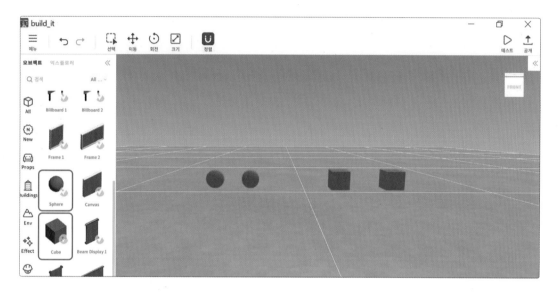

② 우측 속성 창 아래의 [이미지] 아이콘을 클릭합니다. 이미지를 업로드할 수 있는 팝업 창
이 나타나면 이미지를 적용하여 봅니다. 첫 번째 Sphere 오브젝트에는 포스터 형식의 이미
지를, 두 번째 Sphere 오브젝트에는 꽃무늬의 이미지를 적용했습니다.

③ 2개의 Sphere 오브젝트에 각각의 이미지가 입혀졌습니다. 텍스트가 있는 이미지일 경우 원구를 둘러싼 모양이 되어 Sphere 오브젝트에는 적합하지 않습니다. 반면 두 번째 오브젝트와 같이 무늬로만 되어 있는 이미지의 경우 자연스럽게 덧입혀진 것을 볼 수 있습니다.

④ 이번에는 우측 2개의 Cube 오브젝트에 이미지를 입혀 보겠습니다. 우측 속성 창 아래의 [이미지] 아이콘을 클릭합니다. 이미지를 업로드할 수 있는 팝업 창이 뜨면 이미지를 적용합니다. 첫 번째 Cube에는 포스터 형식의 이미지를, 두 번째 Cube에는 타일 형식의 이미지를 적용했습니다.

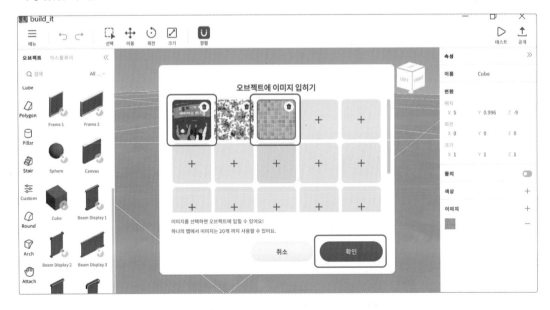

⑤ Cube 오브젝트에는 적용한 이미지가 모든 면에 입혀집니다. 다른 프레임 형식의 Custom 오브젝트와는 확연히 다르죠? 이런 특징을 활용하여 나만의 개성 넘치는 오브젝트를 꾸밀 수 있습니다.

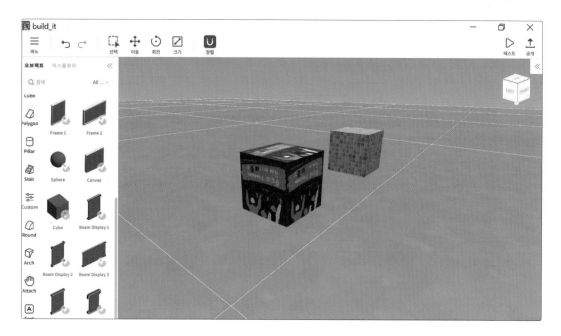

기본적인 유의 사항은 아래와 같습니다.

– 이미지 파일은 png, jpg와 같은 확장자 형식의 파일을 업로드해야 합니다.

– 기존 프레임의 비율에 크게 벗어나지 않는 비율의 이미지를 입혀야 왜곡이 일어나지 않습니다.

– 파일명은 한글, 영어 모두 업로드할 수 있습니다.

– Sphere의 경우 1:1 비율의 이미지가 여백을 만들지 않습니다.

여기서 더욱 중요한 확인 사항이 있습니다. 바로 저작권, 초상권 등을 침해하지 않는 이미지 자료를 사용하는 것입니다. 월드의 등록 심사 가이드 중 "커스텀 오브젝트에 삽입된 이미지에 영화, 게임, 방송 등 타 콘텐츠 및 브랜드를 직접 포함하거나 암시할 경우"가 제시되어 있습니다. 외부 이미지를 업로드하는 Custom 오브젝트의 경우 제작자의 주의가 필요한 부분입니다.

내가 업로드한 이미지가 초상권을 가진 특정인이나 캐릭터의 이미지이거나 저작권을 가진 이미지일 경우 심사 과정에서 반려를 당할 소지가 있으니, 업로드 이미지에 주의를 기울여 주세요.

원래의 이미지보다 삽입한 이미지가 어두워 보이는 이유는 오브젝트 요소는 3D 그래픽으로서 빛의 영향을 받기 때문입니다.

아래는 Front 상태를 바라보게 Custom 오브젝트를 배치한 후 이미지를 덧입힌 모습입니다.

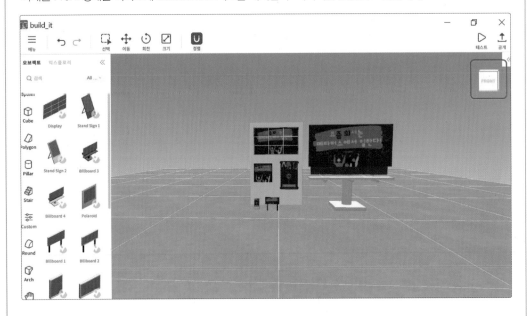

비교를 위해 반대편인 Back 상태를 바라보도록 Custom 오브젝트를 복사해서 붙여 넣기한 모습입니다. 이처럼 똑같은 이미지를 입혔음에도 오브젝트가 어느 쪽을 정면으로 바라보느냐에 따라 원래의 색으로 표현되거나 한층 더 어둡게 표현됩니다.

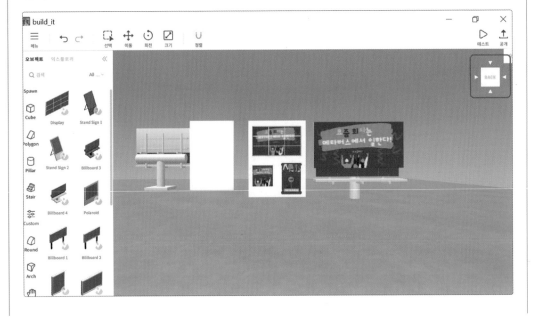

Front, Left 방향으로 향해 설치된 오브젝트는 이미지가 다소 어둡습니다. 그늘진 방향이기 때문입니다.

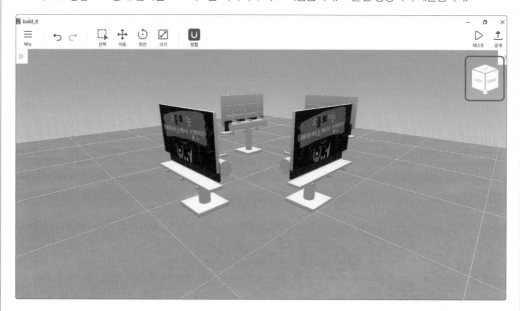

Back, Right 방향으로 설치된 오브젝트는 원래 이미지 파일의 밝기대로 보입니다. 빛을 받는 방향이기 때문입니다.

이처럼 보이는 방향에 따라 밝기가 다르므로 이미지를 입힌 Custom 오브젝트를 배치할 때 방향도 고려해서 배치해 보기 바랍니다.

Custom 오브젝트는 다양하게 활용될 수 있습니다. 간판이나 배너 형식의 Custom 오브젝트에는 원하는 이미지를 넣어 오브젝트의 외형 디자인 그대로의 목적으로 활용할 수도 있지만 좀 더 다양하게 응용한다면, 주어지는 오브젝트로만 꾸며야 하는 빌드잇 프로그램의 한계를 넘어설 수 있는 효과를 볼 수 있습니다.

그중에서도 [Cube]-[Base] 오브젝트로 건물을 지었던 방법과 동일하게 [Custom]-[Cube] 오브젝트로 건물을 짓는다면 건물 외벽을 원하는 이미지로 래핑할 수도 있고 내부 벽지와 바닥재 또한 나만의 스타일로 바꿀 수 있습니다.

기본으로 제공되는 템플릿 맵 중 Town 맵에서 기존에 만들어진 건물의 내부를 바꿔 볼 수 있습니다. 이미 만들어져 있는 건물 4개 중 표시된 건물이 내부로 들어가 보세요. 2층 화장실을 살펴보면 바닥재와 벽면 타일이 Base 오브젝트가 아닌 Canvas 오브젝트인 것을 알 수 있습니다.

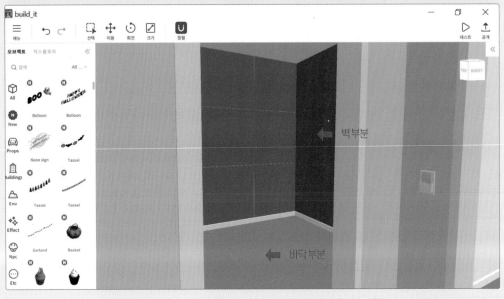

Canvas 오브젝트에 원하는 타일 이미지와 바닥재 이미지를 적용해 볼 수 있습니다. 단, 특정 패턴을 의도하는 경우를 제외하고는 이미지가 정사각형(가로세로 비율 1:1)을 권장합니다. 이미지 파일을 업로드하여 해당 오브젝트에 적용해 주세요.

바닥과 벽면이 좀 더 고급스러운 화장실로 바뀌었죠? 이렇듯 단순히 색상만 변경할 수 있는 [Cube]-[Base] 오브젝트 대신 Custom 오브젝트를 활용하면 좀 더 다양한 이미지를 연출할 수 있습니다. 여러분도 기존 템플릿 맵 중 Town 맵을 선택하여 만들어져 있는 건물 내부와 외장재에 이미지를 덧입혀 보며 활용법을 손에 익혀 보세요. 더 나아가 자신만의 월드를 만들 때 건물뿐만 아니라 다양한 방법으로도 응용해 보면 좀 더 개성 넘치는 월드를 제작할 수 있을 거예요.

가상 월드를 짓는 제페토 빌드잇 실습 워크숍

Step 01 - 제페토 빌드잇 설치와 살펴보기

Step 02 - 제페토 빌드잇 기초

Step 03 - 제페토 빌드잇 실전 1. 오브젝트 활용

Step 04 - 제페토 빌드잇 실전 2. 지형 및 월드 세팅

Lesson 20 지형 세팅하는 법
Lesson 21 기존 템플릿 응용법

Step 05 - 제페토 빌드잇 실전 3. 기능 101% 활용법

Step 06 - 제페토 빌드잇 등록 및 공개

Bonus Step - 제페토 아이템 제작하여 판매하기

앞서 빌드잇 프로그램에서 제공하는 기본적인 기능과 오브젝트 활용법을 살펴보았습니다. 본격적으로 나만의 월드를 만들기 위해 가장 먼저 설정하게 되는 지형의 기본 세팅 항목을 알아보겠습니다. 맵 구성을 위해 가장 먼저 하는 환경 설정 부분에 해당됩니다.

Lesson 20 지형 세팅하는 법

맵의 바닥이 되는 '지형'은 화면 좌측 익스플로러 탭을 활성화하여 변경할 수 있습니다.

⊕ **따라 하기 V** : 화면 좌측 [익스플로러] 탭을 클릭하여 활성화한 후 '월드' 메뉴에 속한 4개의 메뉴를 통해 지형의 기본 항목을 세팅할 수 있습니다. 아래 예시를 따라 지형을 변경해 보세요.

01 지형 브러시로 바닥 그리기

① 좌측 [익스플로러] 탭을 활성화하면 '월드' 메뉴 내에 '지형', '하늘', '배경음악', '플레이어'의 항목을 설정할 수 있는 메뉴가 나옵니다.

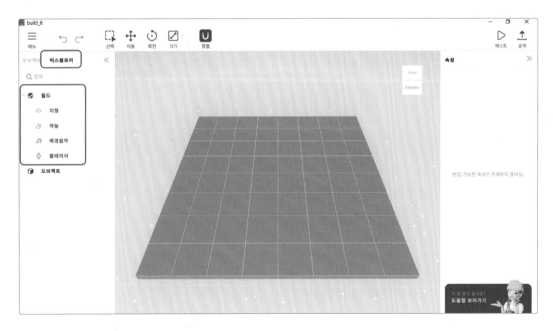

② [지형]을 선택하면 우측 속성 창에서 상세 항목을 설정할 수 있습니다. 이름 항목은 '지형'으로 설정되어 있으며 변경이 불가한 기본 항목입니다. [지형 크기조절]을 클릭합니다.

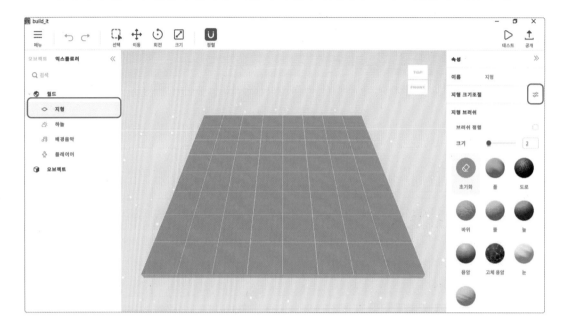

③ 가운데 맵 영역에 지형 크기를 조절할 수 있는 가이드 메뉴가 펼쳐집니다. '+' 아이콘은 맵을 해당 방향으로 1칸 더 크게, '−' 아이콘은 해당 방향으로 1칸 더 작게 조절할 수 있습니다. 지형 크기는 최소 6X6 크기까지 줄일 수 있고 최대 10X10 크기까지 늘릴 수 있습니다. 지형 크기 조절이 끝나면 [지형 편집 종료] 버튼을 클릭합니다.

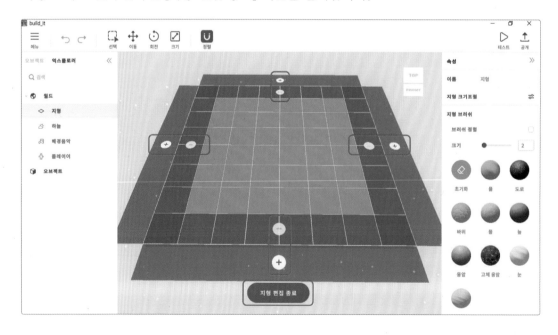

④ 지형 브러시 영역은 총 9개의 브러쉬 중 하나를 선택할 수 있습니다. 맵 위에 마우스로 클릭한 채 드래그하면 드래그 영역에 따라 바닥에 그려집니다. 좀 더 깔끔하게 그려지길 원한다면 [브러쉬 정렬]을 체크한 후 드래그합니다. 참고로 풀 브러시의 경우 그렸을 때 아무 변화가 없습니다. 기본 지형이 '풀'을 기본으로 그려져 있기 때문입니다. 좀 더 굵게 그리기를 원한다면 크기 조절 바를 움직이거나 숫자를 입력하여 조절할 수 있습니다.

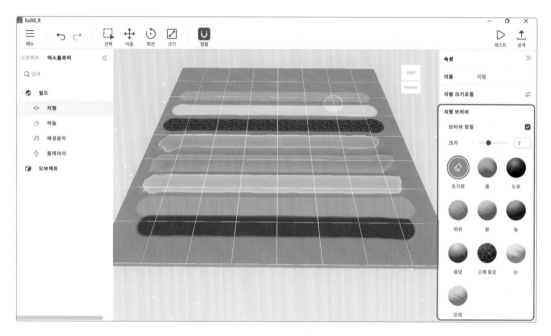

⑤ 지형 브러시로 그린 부분을 원 상태로 복구(기본 값: 풀)하고 싶다면 [초기화] 아이콘을 클릭한 후 드래그하면 됩니다.

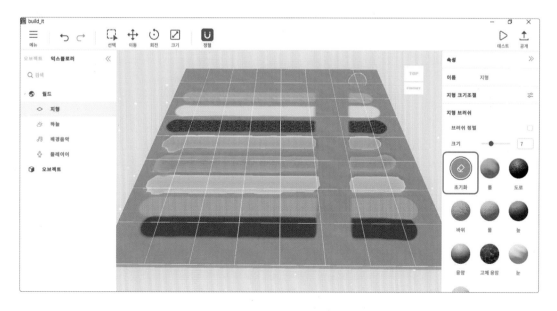

지형 브러시 중에서도 '물' 브러시를 활용해 해변을 만들 경우 아바타가 물에 들어가면 헤엄치지 않고 걸어 다니며, 물 깊이 조절이 안 된다고 의아해하는 경우가 있습니다. 지형 브러시는 물리적 공간을 차지하는 개념이 아닌 바닥에 스케치를 하는 것과 같기 때문입니다. 즉, 오브젝트와 같은 기능을 하지 않아 아바타에게 영향을 끼치는 설정 값이 없습니다.

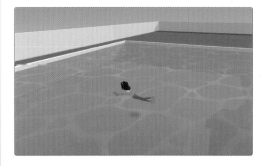

아바타가 물에서 헤엄을 칩니다

아바타가 땅 위에서와 같이 물속에서도 걸어 다닙니다

아바타나 다른 오브젝트가 '물'에 의해 영향을 받아 헤엄을 치는 등의 반응을 일으키기 위해서는 지형 브러시가 아닌 '오브젝트'를 넣어야 합니다. 아래 예제를 실습하면 쉽게 이해할 수 있을 겁니다.

➕ **따라 하기 W** : 물과 같은 성질의 오브젝트를 배치해 보고 지형 브러시로 '물'을 그렸을 때와 어떻게 다른지 비교해 보세요.

① [오브젝트] 탭의 검색란에 'water'를 검색한 후 [Water Wave] 오브젝트를 선택하여 맵에 놓습니다. 적절한 크기로 변경해 주세요.

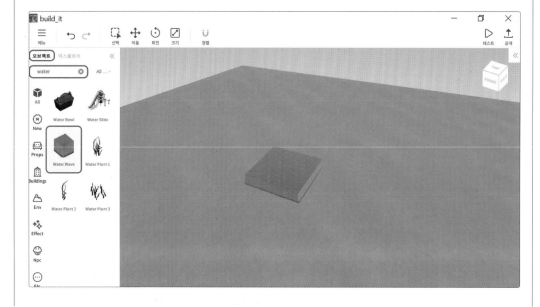

② [익스플로러] 탭에서 [지형]을 클릭한 후 우측 속성 창에서 지형 브러시 중 [물]을 선택하여 마우스를 드래그하여 물 영역을 그려 주세요. 이후 [테스트 모드]로 들어갑니다.

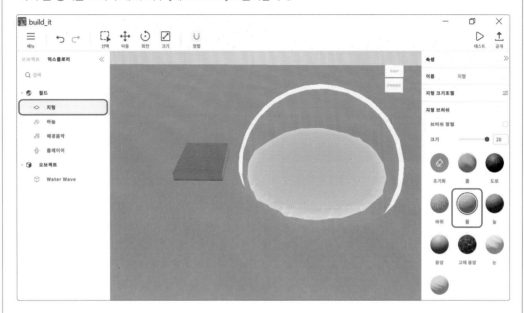

③ 2개의 물 영역을 확인할 수 있습니다. 좌측의 Water Wave 오브젝트로 만든 물 영역은 물 높이가 있습니다. 반면 우측의 지형 브러시로 만든 물 영역은 높이가 느껴지지 않습니다.

④ Water Wave 오브젝트로 만든 물에서는 아바타가 헤엄을 칠 수 있습니다. 지형 브러시로 만든 물에서는 아바타가 땅 위를 걷는 모습과 동일합니다.

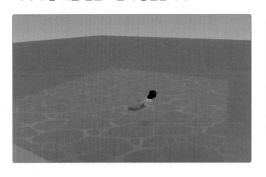 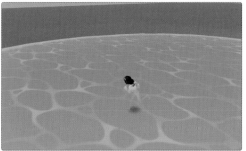

이렇듯 지형 브러시는 높이 값을 갖지 않고 아바타에 물리적인 영향도 주지 않습니다. 이 부분을 유의하여 지형 브러시와 오브젝트를 적절히 구분하여 활용해 보세요.

02 하늘색 설정하기

[익스플로러] 탭에서 [하늘] 메뉴를 통해 하늘의 색상을 변경할 수 있습니다. '하늘 색상'의 [조절 바]를 이동하여 색상을 조절합니다.

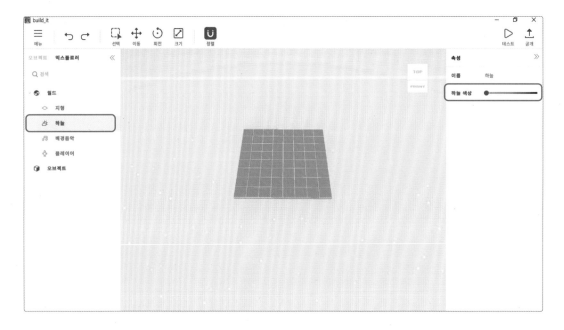

조절 바는 밝은 톤(왼쪽)부터 어두운 톤(오른쪽)으로 조절할 수 있습니다. 월드의 전체적인 콘셉트 등을 고려하여 적절한 배경색을 선택해 보세요.

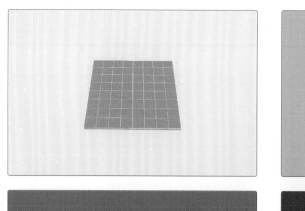
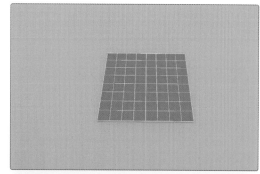
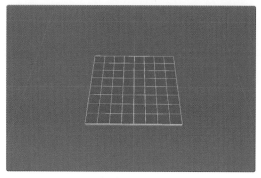
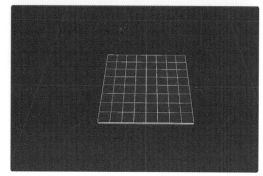

03 배경음악 설정하기

제페토 빌드잇으로 만드는 월드에는 배경음악 기능이 있습니다. 플레이어가 맵에 처음 입장하면 자동으로 플레이됩니다.

[익스플로러] 탭에서 [배경음악] 메뉴를 클릭하면 우측 속성 창에 배경음악을 설정할 수 있는 항목을 볼 수 있습니다. 현재 제페토 빌드잇에서 제공하는 배경음악은 총 2가지입니다. 내가 소유한 음원 파일을 업로드하여 등록하거나 별도로 음원을 제공하는 서비스는 없습니다. 아직까지 배경음악을 다양하게 적용할 수 없고 플레이어 입장에서는 원하지 않는 음악이 흘러나올 경우 굳이 설정 메뉴에서 배경음악을 꺼야 하는 번거로움을 줄 수 있기에 배경음악 적용은 되도록 안 하는 방향을 권합니다.

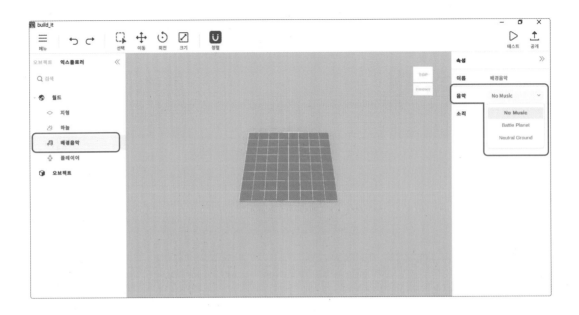

04 소리 설정하기

플레이어가 맵을 이용할 때 들을 수 있는 효과음 등을 제어하는 기능입니다. 현재로서 특별한 소리를 내는 기능을 가진 오브젝트가 없으므로 설정에 따라 이용하는데, 달라지는 것은 없습니다. 기본 값이 켜져 있으므로 변경하지 않기를 권합니다.

[익스플로러] 탭에서 [배경음악] 메뉴를 클릭하면 우측 속성 창에서 '소리'를 끄거나 켤 수 있습니다. 기본 값은 켜져 있습니다.

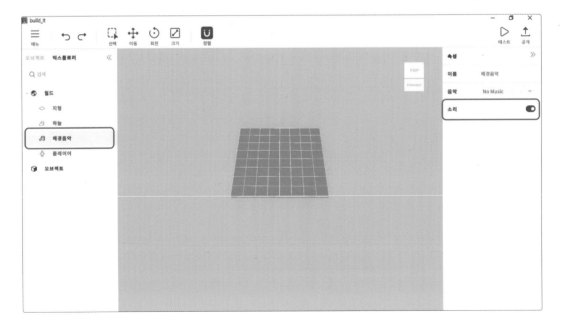

05 플레이어 설정하기

플레이어의 움직임 즉, 아바타의 걷는 속도와 점프 높이를 설정할 수 있습니다. 내가 만드는 맵에 방문한 아바타들을 좀 더 빠르게 움직이게 하고 싶다면 조절을 통해 설정할 수 있습니다.

[익스플로러] 탭에서 [플레이어]를 클릭하면 우측 속성 창에서 아바타의 이동 속도와 점프 높이를 조절할 수 있는 조절 탭이 있습니다. 기본 값은 2이므로 이동 속도를 좀 더 느리거나 빠르게, 점프 높이를 낮게 혹은 높게 조절할 수 있습니다.

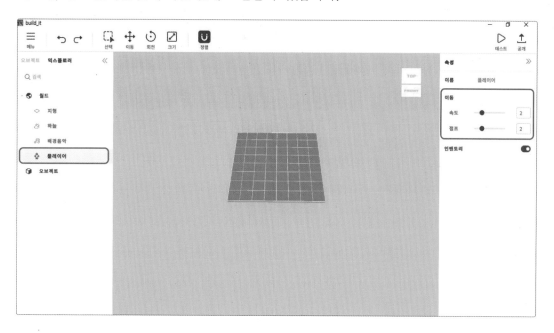

Check Point 월드를 제작, 테스트하는 동안 플레이어 속도를 높여 놓으세요!

플레이어의 이동과 점프의 기본 값은 2입니다. 실제 맵을 출시할 경우 맵의 콘셉트에 따라 달리 설정할 수도 있지만, 보통 큰 이유가 없다면 기본 값으로 출시합니다. 단, 월드를 제작하는 동안은 플레이어의 속도를 높여 놓는 것을 권합니다. 월드를 제작하면서 우리는 실제 아바타가 월드를 이용하면 어떻게 되는지 수없이 테스트를 해야 하는데, 이동하는 속도가 느린 상태로 테스트를 반복하는 것보다 빠른 속도의 아바타로 작업하면 반복의 번거로움을 조금이라도 줄일 수 있습니다.

기존 템플릿 응용법

제페토 빌드잇에서는 총 6개의 기본 템플릿을 제공하고 있습니다. 이 템플릿은 월드를 구축하는데 팁을 얻을 수 있는 샘플 자료라고 할 수 있습니다. 뿐만 아니라 템플릿을 기초로 새로운 맵을 구축할 수 있습니다. 여기서는 각각의 템플릿 특징을 알아보고 새로운 맵을 구축하는데 어떻게 베이스로 활용할 수 있는지 소개합니다.

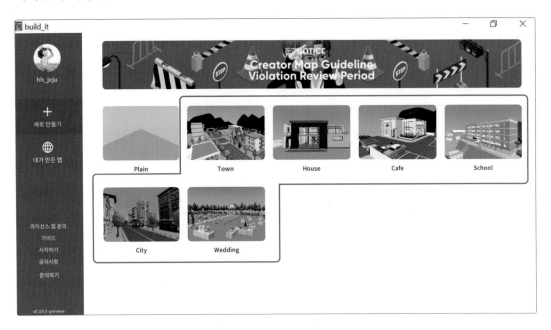

빌드잇 프로그램을 실행하면 새로운 맵을 만들 수 있는 페이지가 펼쳐집니다. 맨 앞의 Plain 맵을 제외한 6개의 맵은 이미 각기 다른 콘셉트로 구성되어 있습니다. 마우스로 클릭하면 해당 맵을 편집할 수 있는 화면으로 이동합니다. 편집은 물론 저장까지 가능합니다.

01 템플릿 1 - Town

Town 맵은 맵 주변이 산으로 둘러싸여 있습니다. 맵 테두리를 산 오브젝트뿐만 아니라 다양한 오브젝트로 둘러싸서 연출할 수 있습니다. 또한, 4개의 각기 다른 콘셉트의 건물이 구성되어 있어 다양한 콘셉트의 건물을 만들고 싶을 때 참고하거나 활용할 수 있습니다.

02 템플릿 2 - House

House 맵은 2층짜리 테라스 하우스로 구성되어 있습니다. 내부 벽과 바닥, 기둥 등의 구조와 테라스 등의 구성을 참고하는데 도움이 됩니다. 이 집에는 지하 주차장이 숨어 있습니다. 그것이 가능한 이유는 지형 자체가 높이값을 가진 오브젝트(Grass 2) 위에 건물을 쌓았기 때문입니다. 내가 만드는 건물에 지하층까지 구성하고 싶다면 참고하기 좋은 템플릿입니다.

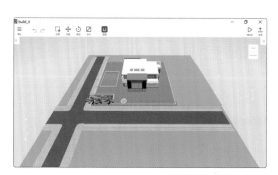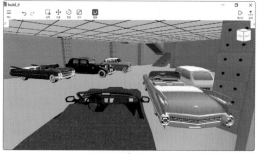

03 템플릿 3 - Cafe

Cafe 템플릿은 한 개의 건물 안에 심플한 카페 콘셉트의 인테리어로 구성되어 있습니다. 이 맵에서는 건물뿐만 아니라 지형 브러시를 활용할 수 있는 예를 볼 수 있습니다. 지형 브러시 중 '물'과 '모래'를 활용하여 해변가에 자리 잡은 카페를 연출했습니다. 또한 바닷가와 땅의 높이를 다르게 연출하여 좀 더 입체감을 느낄 수 있습니다.

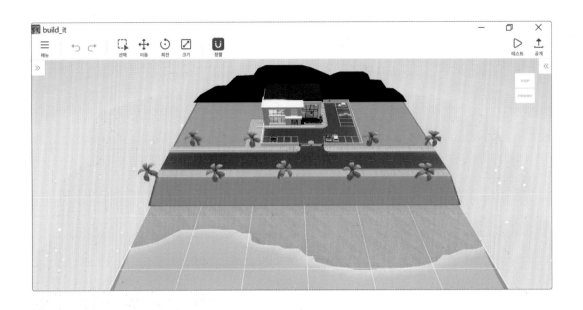

04 템플릿 4 - School

큰 규모로 지어져 있는 메인 건물인 학교 건물은 총 4층으로 구성되어 있으며, 내부에는 실제 학교와 같이 복도와 교실 등으로 구분되어 있습니다. 특히, 1층은 실제 교실과 같이 책상과 의자 등이 배치되어 있어 학교 콘셉트의 월드를 제작할 때 참고하기 좋습니다. 그 외에도 운동장 트랙과 야외 부스가 설치되어 있어 야외 행사장을 구성할 때 참고해도 좋습니다. 또한 이 맵은 지형이라는 사각 프레임을 넘어서서 오브젝트를 배치해도 상관없다는 팁을 얻을 수 있습니다. 바로 지형 바깥쪽에 도로를 깔고 다양한 건물(Building 오브젝트)을 배치하여 실제 설정한 지형의 크기보다 더 크게 활용했다는 점을 눈여겨 볼 필요가 있습니다.

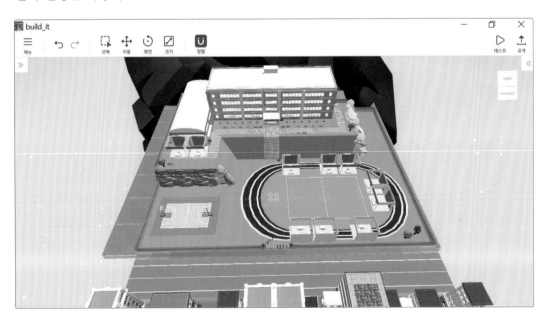

05 템플릿 5 - City

City 맵은 앞에서 소개한 템플릿과 달리 내부 인테리어가 구성된 건물은 없습니다. 그러나 Building 카테고리의 건물 오브젝트들을 다양하게 구성하여 전체적으로 도시를 어떻게 표현하면 좋을지 예시로 살펴볼 수 있습니다. 여기에 놓여져 있는 건물들은 내부 구성이 안되는 하나의 독립적인 오브젝트입니다. 집이 여러 채 있는 마을을 만들고자 할 때 모든 건물을 일일이 만들어야 한다면 시간이 많이 걸릴 것입니다. 따라서 City 맵과 같이 건물 오브젝트를 활용하여 건물이 즐비한 거리를 표현하고 싶을 때 응용해 볼 수 있습니다.

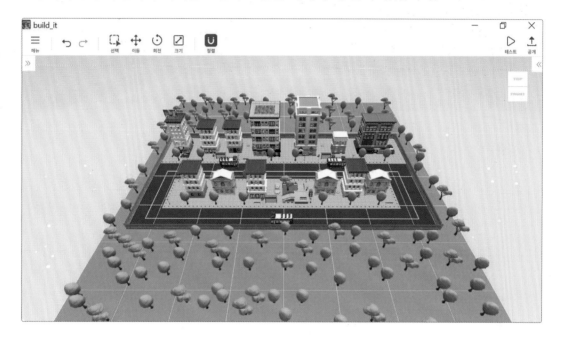

06 템플릿 6 - Wedding

건물 없이 야외로만 구성되어 있는 템플릿입니다. 야외 결혼식을 테마로 하여 조경 관련 오브젝트와 야외 행사장의 구성 등을 살펴보는데 도움을 줍니다. 잘 차려진 케이터링 테이블에 쓰인 아기자기한 음식 관련 오브젝트 구성과 테이블 세팅 등을 참고해 보세요.

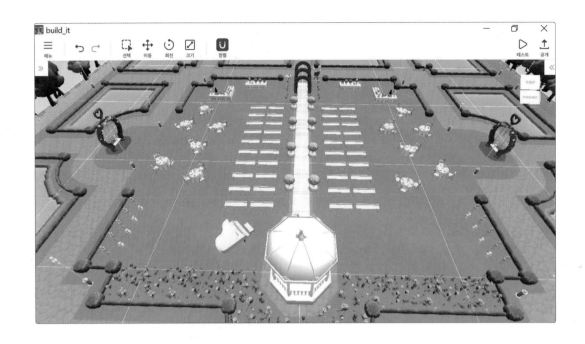

07 템플릿을 응용해 쉽게 월드의 기초 만들기

'자, 이제 오브젝트의 활용법과 샘플이 되는 템플릿들을 두루 살펴보았으니 이제 나만의 월드를 만들어 보세요!'라고 하면, 바로 나만의 월드를 만들 수 있을까요? 아마도 여러분들은 초록색 사각형 지형 앞에서 멀뚱멀뚱 '뭐부터 넣어야 하지?'라고 고민하고 있을지도 모릅니다. 아니면 생각 나는 것부터 넣다가 중간에 '아! 이게 아닌가?' 싶지만 지금까지 만든 게 아까워서 이러지도 저러지도 못하는 상황이 올 수도 있습니다. 이건 저의 경험담이기도 합니다. 월드를 만드는 첫걸음을 쉽게 안내할 수 없을까 해서 생각해 낸 것이 바로 기존의 템플릿 맵을 응용해 기초를 만드는 방법입니다. 여기서는 나만의 월드를 어떻게 시작해야 하는지 Town 템플릿 예시를 통해 차근차근 소개하도록 하겠습니다.

4개의 건물 내부를 살펴본 후 내가 원하는 건물과 가장 유사한 건물을 활용하려고 합니다. 그 건물 앞을 지나가는 도로도 활용할 것입니다.

먼저 주변을 둘러싸고 있던 산 오브젝트를 지웠습니다.

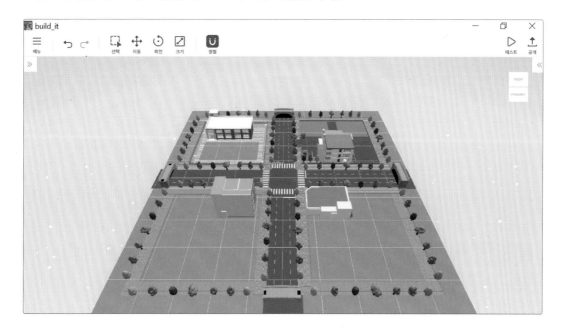

또한 활용하려는 건물과 도로를 제외한 다른 오브젝트들을 삭제했습니다. 이 상태에서 남아 있는 건물을 원하는 위치로 이동시키고 조금씩 수정을 해나가며 건물을 만들 수 있습니다. 이처럼 주춧돌부터 세우는 과정보다 건물을 구성하는 시간을 훨씬 단축시킬 수 있습니다.

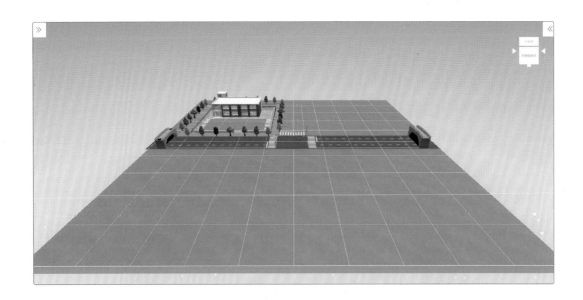

더 나아가 지형 브러시 기능을 활용하여 지형에 변화를 줄 수도 있고 지형 크기도 얼마든지 변경할 수 있습니다. 이러한 방법으로 월드를 만들기 시작하면 힘을 덜 들이고도 원하는 건물을 금방 지을 수 있습니다.

Check Point | **템플릿에서 원하는 부분만 복사하여 새 맵에 붙여 넣기 하면 안 되나요?**

템플릿 활용 안내를 하면 많은 분들이 고개를 갸우뚱하며 원하는 부분만 복사해서 다른 맵에 붙여 넣기 하면 쉽지 않냐고 반문합니다. 물론 그렇게 된다면 정말 쉽겠죠. 그럼 소셜프로그 교육 센터도 복사해서 새로운 맵에 붙여 넣기 하여 재활용하면 2호점, 3호점도 금방 만들어 낼 수 있을 텐데요. 하지만 아쉽게도 맵과 맵 간의 오브젝트 복사, 이동이 지원되지 않습니다. 맵 복제 기능 또한 없습니다. 추후 그런 기능이 나올 수도 있겠지만 지금으로서는 맵 하나하나에 정성을 다해 오브젝트를 넣고 조정해야만 월드를 완성할 수 있습니다.

Skill up 06 | **새로운 월드를 만드는 첫걸음 함께하기**

여러분은 오브젝트의 활용뿐만 아니라 월드를 만드는 지형의 기초 세팅 방법을 터득했습니다. 이제 월드를 만들기 위한 기술을 모두 갖춘 상태에서 월드를 제작해 볼 수 있습니다. 이쯤에서 워크숍을 통해 실습을 한 사례를 살펴보며 나는 어떻게 시작하는 것이 좋을지 생각해 보세요.

각자 머릿속에 그려지는 월드의 최종 모습은 다양할 것입니다. 그 첫걸음으로 지형을 세팅할 때 너무 어렵게 시작하면 금방 좌절해 버릴 수 있습니다. 그러니 최대한 쉽고 손이 덜 가게, 제작하는 재미를 느껴가며 월드를 만들어 보길 바랍니다.

첫 번째 유형: 지형 브러시 화가형

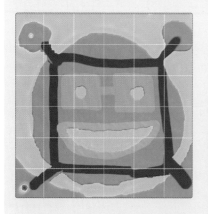 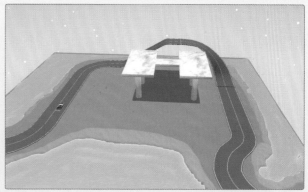

두 번째 유형: 템플릿 주워 먹기형

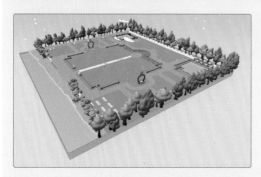 

세 번째 유형: 맨 지형에 헤딩형

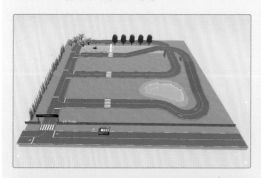 

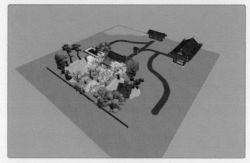 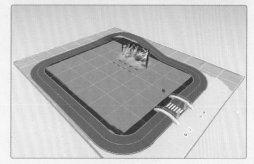

가상 월드를 짓는 제페토 빌드잇 실습 워크숍

Step 01 – 제페토 빌드잇 설치와 살펴보기

Step 02 – 제페토 빌드잇 기초

Step 03 – 제페토 빌드잇 실전 1. 오브젝트 활용

Step 04 – 제페토 빌드잇 실전 2. 지형 및 월드 세팅

Step 05 – 제페토 빌드잇 실전 3. 기능 101% 활용법

Lesson 22 오브젝트 이름 변경 활용법과 개별 설정
Lesson 23 오브젝트 그룹 기능
Lesson 24 오브젝트 결합하여 나만의 커스텀 오브젝트 만들기
Lesson 25 지형 바닥 스케치 활용법
Lesson 26 테마별 오브젝트 찾기

Step 06 – 제페토 빌드잇 등록 및 공개

Bonus Step – 제페토 아이템 제작하여 판매하기

앞서 빌드잇에 대한 기초부터 템플릿 응용법까지 살펴봤습니다. 여기서는 앞서 배운 내용을 토대로 알아 두면 빌드잇 작업에 도움이 되는 몇 가지 활용법을 소개합니다.

Lesson 22 오브젝트 이름 변경 활용법과 개별 설정

월드를 제작할 때 좌측 [오브젝트] 탭에서 원하는 오브젝트를 찾아 넣어 월드를 구성하게 됩니다. 이때 삽입한 오브젝트의 이름 속성은 기본적으로 오브젝트의 이름으로 설정됩니다. 이 오브젝트 이름 값은 임의로 변경이 가능합니다. 오브젝트를 삽입한 후 해당 오브젝트의 이름을 내가 알아보기 쉬운 이름으로 바꾸면 월드를 관리하기가 훨씬 쉬워집니다.

> ⊕ **따라 하기 Ⅹ** : 'Lesson 15'의 예시를 바탕으로 오브젝트의 이름 바꾸기, 잠금, 감춤 기능 등을 따라 해 보세요.

좌측 [익스플로러] 탭에서 지형에 삽입된 오브젝트 리스트를 확인할 수 있습니다. 오브젝트 이름을 변경하지 않을 경우 각 오브젝트의 기본 값으로 이름이 저장됩니다. 따라서 같은 오브젝트를 사용했을 경우 오브젝트 이름도 동일하므로 이름만 보고 구분하기가 어렵습니다.

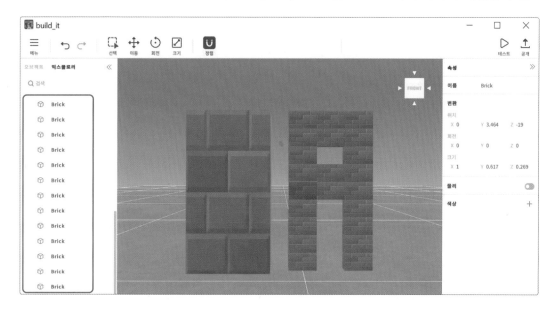

01 오브젝트 이름 변경

우측 속성 창에서 이름 값을 각각 변경하면 좌측 [익스플로러] 탭에서의 오브젝트 리스트에도 변경된 이름 값으로 보여집니다. 이처럼 이름을 변경하면 원하는 오브젝트를 왼쪽 오브젝트 리스트에서 쉽게 구분하여 선택할 수 있습니다.

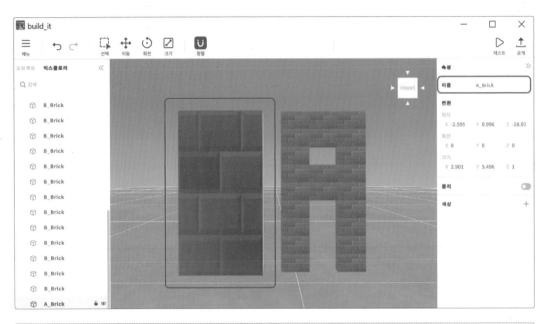

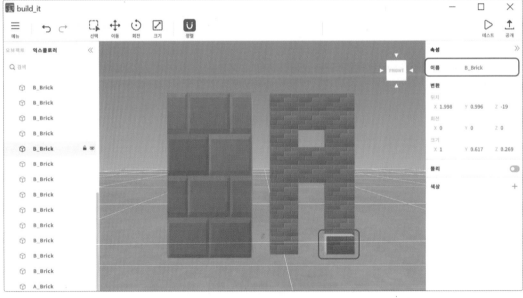

02 오브젝트 잠금 및 감춤 기능

좌측 [익스플로러] 탭에서 오브젝트를 선택하면 🔒🏷️아이콘을 볼 수 있습니다. 각각 오브젝트 잠금과 감춤 기능을 의미합니다.

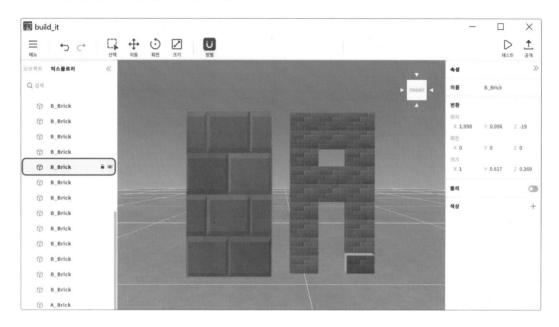

[자물쇠] 아이콘을 클릭하면 잠금 표시로 바뀝니다. 잠금 기능이 설정된 오브젝트는 마우스로 선택하려 해도 선택되지 않는 편집 불가능한 상태가 됩니다. 편집 가능한 상태로 되돌리려면 익스플로러 탭의 오브젝트 리스트에서 잠금 아이콘을 풀어야 가능합니다. 더 이상 편집이 필요하지 않은 오브젝트들을 고정시켜 놓을 때 활용하면 유용합니다. 어렵사리 각을 맞춘 오브젝트들을 잘못 건드려서 수정될 일이 없도록 고정해 놓거나, 실내 인테리어를 할 때 선택되면 안 되는 벽이나 기둥, 바닥 등을 고정시켜 놓을 때 잠금 기능을 활용해 보세요.

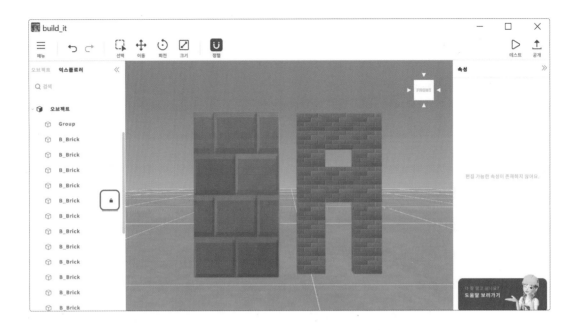

감추기 기능은 [눈] 모양을 클릭하면 감은 눈 모양의 아이콘으로 바뀌면서 해당 오브젝트가 보이지 않습니다. 오브젝트를 배치해 놓고 다른 오브젝트로 대체하기 전에 삭제하는 기능 대신 사용하면 유용합니다. 예를 들어 중앙 화단을 풍성하게 꾸며 놓았지만 콘셉트에 딱 맞지 않아 다른 오브젝트로 대체하고 싶을 때, 잠시 감춰 두고 다른 오브젝트를 대입했다가 더 마음에 드는 오브젝트를 못 찾았을 때 다시 감추기 기능을 풀어 원래대로 되돌려 놓을 수 있습니다. 무턱대고 삭제했다가 다시 되돌리지 못해 당황하는 일이 없도록 삭제 전에는 감추기 기능을 활용해 보세요.

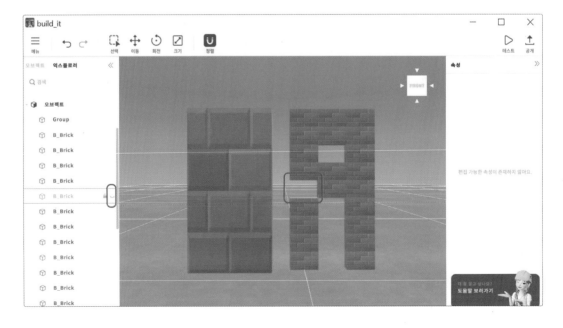

Lesson 23 오브젝트 그룹 기능

앞서 오브젝트 이름과 잠금, 감춤 기능에 대해서 알아봤습니다. 이러한 설정은 개별 오브젝트뿐만 아니라 복수의 오브젝트를 묶어 그룹으로 설정하여 적용할 수 있습니다.

> ➕ **따라 하기 Y** : '따라 하기 X'에서 제시된 예시를 사용하여 오브젝트 그룹을 만들고 잠금, 감춤 기능을 실행해 보세요.

① 그룹을 만들 오브젝트를 여러 개 선택합니다. 복수의 오브젝트를 선택하는 방법은 마우스로 원하는 오브젝트들을 드래그하거나 Ctrl 을 누른 채 원하는 오브젝트를 각각 선택합니다. 또는 좌측의 [익스플로러] 탭에서 오브젝트 리스트의 오브젝트 명을 Ctrl 을 누른 채 개별 선택하거나 Shift 를 누른 채 연속 선택하면 됩니다.

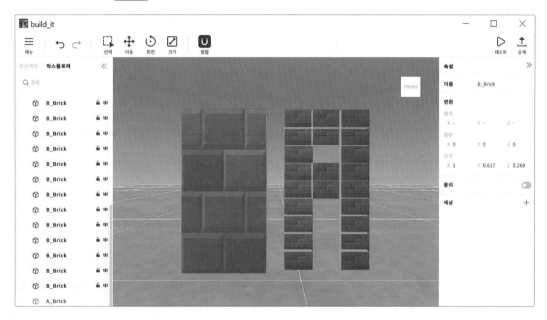

② 마우스 오른쪽 버튼을 클릭하여 [오브젝트 묶기] 또는 Ctrl + G 를 눌러 그룹으로 묶습니다.

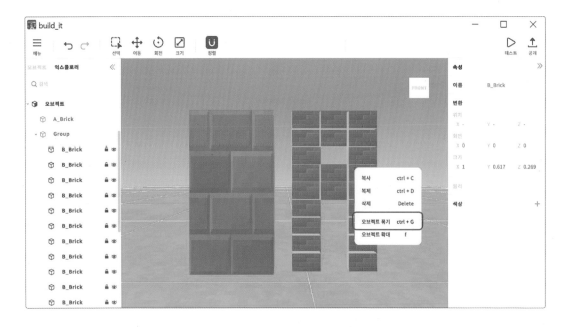

③ 그룹이 생성됩니다.

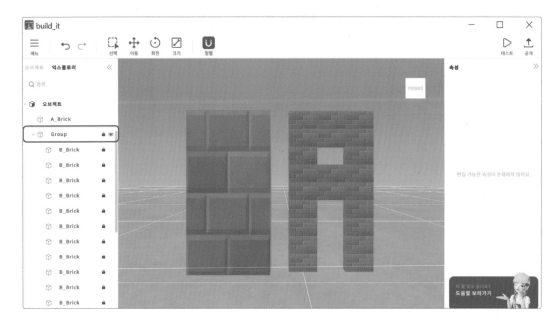

④ 그룹명 옆에도 개별 오브젝트와 같이 🔒👁 아이콘을 볼 수 있습니다. 이를 적용하면 그룹으로 묶인 오브젝트 전체에 잠금과 감춤 기능을 적용할 수 있습니다.

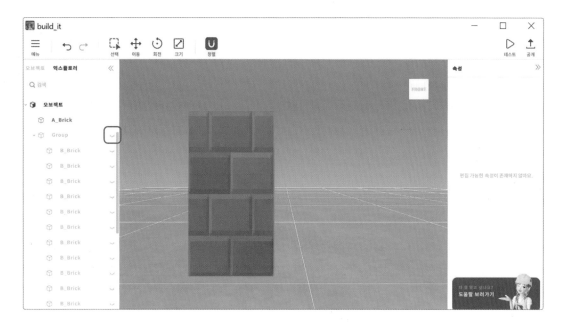

⑤ 그룹 단위로 이동, 회전, 크기를 조정할 수 있습니다. 단, 우측 속성 창에 숫자를 입력하는 것보다는 마우스로 조정하기를 권장합니다.

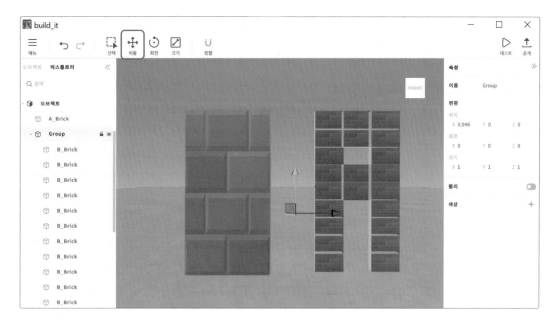

⑥ 그룹의 이름도 변경 가능합니다. 그룹을 선택한 뒤 우측 속성 창에서 이름 값을 변경하면 좌측 오브젝트 리스트에 바로 적용됩니다. 그룹명을 수정하면 추후 오브젝트의 개수가 많아서 리스트가 길어져도 쉽게 찾을 수 있습니다.

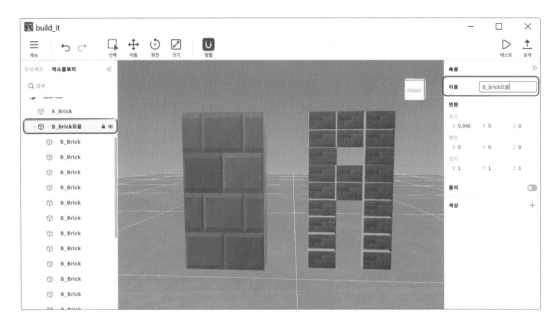

Lesson 24 오브젝트 결합하여 나만의 커스텀 오브젝트 만들기

빌드잇에서는 다양한 오브젝트를 제공하고 있지만, 내가 만드는 월드 콘셉트에 딱 들어맞는 오브젝트를 발견하지 못할 수도 있습니다. 월드를 제작하면서 오브젝트를 다루는 스킬이 익숙해졌다면, 제공되는 오브젝트만 그대로 사용하는 단계에서 더 나아가 오브젝트를 결합하여 나만의 커스텀 오브젝트를 만들어 보세요.

다음 이미지는 소셜프로그에서 제작한 '소셜프로그 메타버스 교육센터' 건물 중 2층 로비입니다. 세미나장과 강연장이 자리한 2층 복도에서 잠시 대기하며 휴식을 취할 수 있는 공간을 연출하였습니다. 소파 앞 러그 위에 테이블을 두고 싶어 테이블 오브젝트들을 둘러보았는데, 공간에 어울릴 만한 디자인의 테이블을 찾기가 힘들었습니다. 그래서 2개의 오브젝트를 결합하여 테이블을 만들었습니다. 그 위에 화병도 올려놓으니 심플하면서 주변 인테리어와도 잘 어울리는 테이블을 넣을 수 있었습니다.

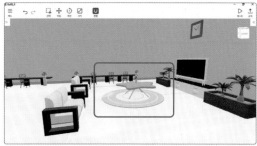

⊕ 따라 하기 Z : 2개의 오브젝트를 적절히 붙여 나만의 커스텀 테이블을 만드는 방법을 따라 해 보세요.

① [Etc]-[Sprinkles 2]를 차례대로 선택하여 테이블 상판이 될 오브젝트를 삽입합니다.

② [Etc]−[Night Square Pyramid]를 차례대로 선택하여 테이블 다리가 될 오브젝트를 삽입합니다.

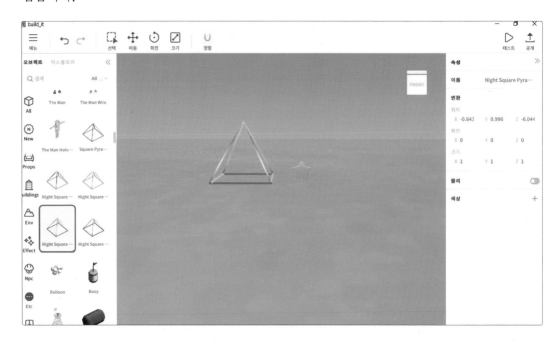

③ Sprinkles 2 오브젝트의 '회전 X축'을 [90°]로 변경하여 눕히고 위치와 크기 값을 조절하여 테이블 상판과 같이 배치합니다.

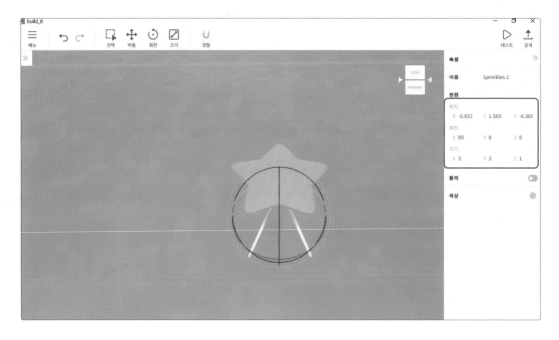

④ Night Square Pyramid 오브젝트의 크기, 위치를 변경하여 테이블 다리와 같이 배치합니다. 4개의 다리로 보이기 위해 아랫부분은 땅속으로 들어가도록 조정하여 하단 프레임은 보이지 않도록 했습니다. 참고로 오브젝트는 잘라 내기 기능이 없습니다. 따라서 특정 부분만 보이지 않도록 하기 위해서는 다른 오브젝트나 땅 부분에 겹치도록 위치 값을 설정하여 가려지도록 해 마치 자른 것과 같은 효과를 내도록 합니다.

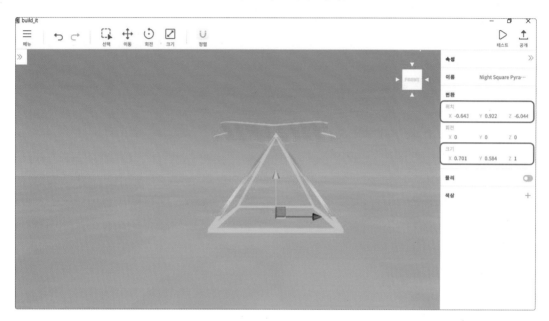

⑤ Sprinkles 2 오브젝트는 기본이 흰색이므로 색상 설정을 통해 원하는 색상으로 변경하여 완성시킵니다.

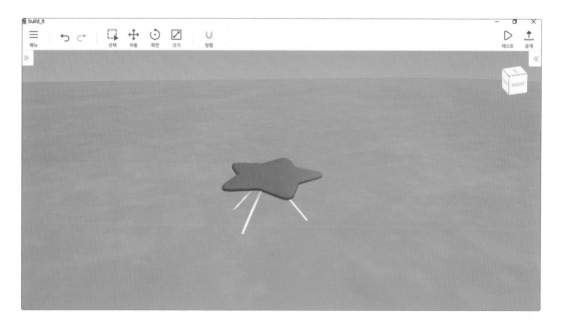

나만의 커스텀 의자 만들기

내가 만드는 월드의 콘셉트에 꼭 들어맞는 오브젝트가 없거나 다른 월드에서 흔히 볼 수 있는 것이 아닌 내가 만든 월드에서만 볼 수 있는 개성 있는 오브젝트를 만들고 싶다는 생각이 들 수 있습니다. 그런 분들을 위해 워크숍 실습 시간에서는 '나만의 커스텀 의자 만들기 콘테스트'를 열고 있습니다.

제한된 시간 안에 나만의 의자를 만들면서 다양한 오브젝트를 이리저리 활용하여 제작 팁을 얻고 다른 사람들의 아이디어가 담긴 오브젝트를 보며 생각을 확장해 보라는 의미에서 진행하는 미니 콘테스트입니다. 각각의 특성에 따라 재치와 개성이 넘치는 커스텀 의자가 많이 등장합니다.

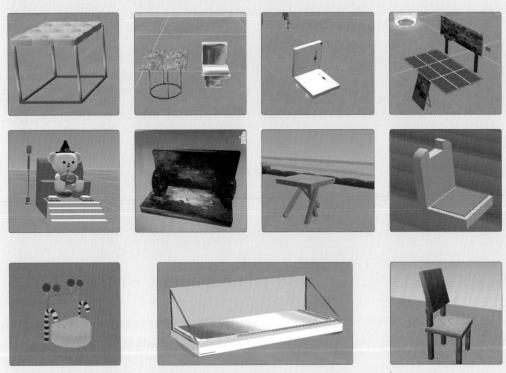

Plus. 커스텀 의자 만들기에 아이디어를 플러스해 보세요.

의자에 앉을 수 있는 상호작용이 있는 오브젝트는 딱 한 개 있습니다. 커스텀 의자에 오브젝트를 더해 아바타가 실제 앉을 수 있는 의자를 만들어 보는 건 어떨까요?

① 앉을 수 있는 상호작용이 있는 Bench 오브젝트 위에 다른 오브젝트를 얹어 의자의 등받이와 좌석 부분을 가렸습니다.

② 정면에서 보면 의자는 다리 부분만 보입니다.

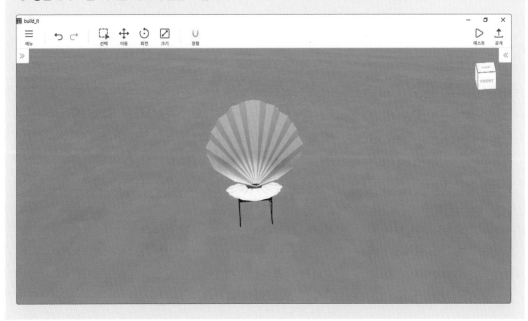

③ 아바타가 근처에 가면 상호작용 기능을 통해 앉을 수 있는 아이콘이 나타납니다.

④ 아바타가 의자에 앉는 모습을 연출할 수 있습니다. Bench 오브젝트에 앉아 있는 것이지만 등받이와 좌석 부분에 다른 오브젝트를 덧대어 마치 새롭게 디자인된 의자 오브젝트에 앉아 있는 듯 보입니다. 이렇듯 오브젝트를 커스텀할 때에는 상호작용이 있는 오브젝트를 활용하면 새로운 경험을 제공해 줄 수 있습니다.

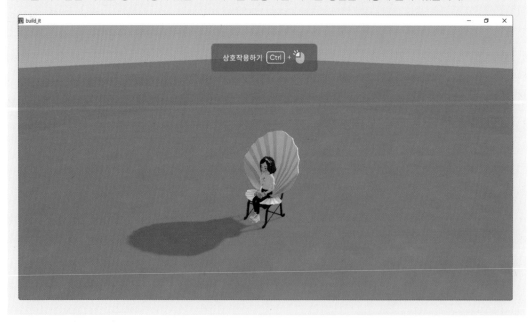

Lesson 25 지형 바닥 스케치 활용법

Custom 오브젝트의 활용을 설명하면서 건물의 외벽이나 내장 인테리어 요소인 벽, 장판 등으로 사용할 수 있다고 소개했습니다. 이외에도 월드를 제작하는 보조적인 도구로 쓸 수 있습니다.

나만의 월드를 구상할 때는 미리 스케치를 해보는 것을 권합니다. 머릿속에 아무리 잘 정리했다 하더라도 막상 제작하다 보면 처음 생각했던 구조대로 만들기 쉽지 않기 때문입니다. 특히나 오브젝트를 일일이 설정하는 수고로움을 다시 반복해야 하는 최악의 상황이 벌어질 수도 있습니다.

스케치를 했다면 그것을 직접 지형 위에 올려놓아 마치 지형 판 위에 직접 밑그림을 그린 것과 같이 활용할 수 있습니다.

① [Custom]-[Canvas]를 차례대로 선택하여 오브젝트를 꺼내 놓습니다.

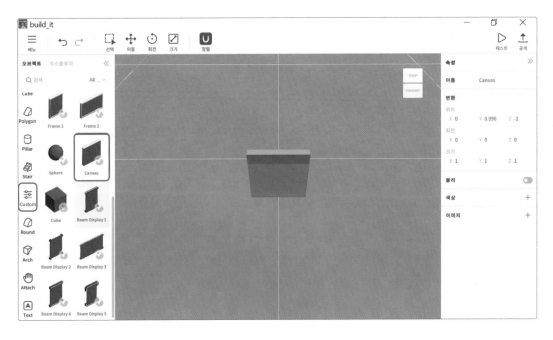

② 스케치한 그림(지형의 비율과 동일한 비율의 이미지 파일)을 Canvas 오브젝트에 업로드하여 적용합니다.

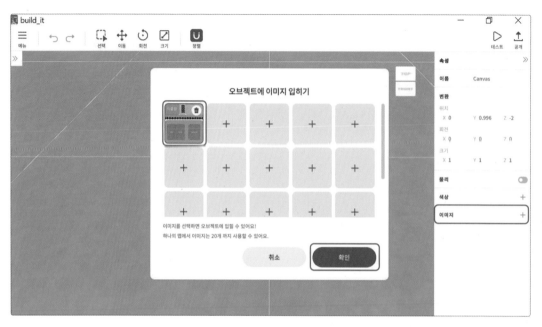

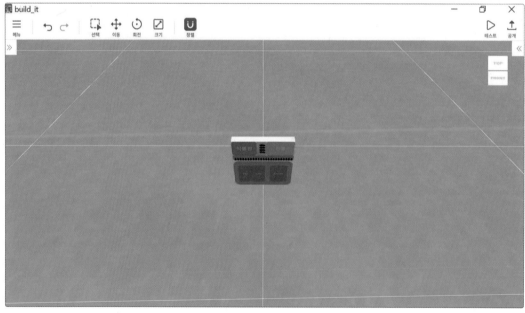

③ 이미지가 입혀진 Canvas 오브젝트를 회전 값을 변경하여 땅 위에 눕힙니다.

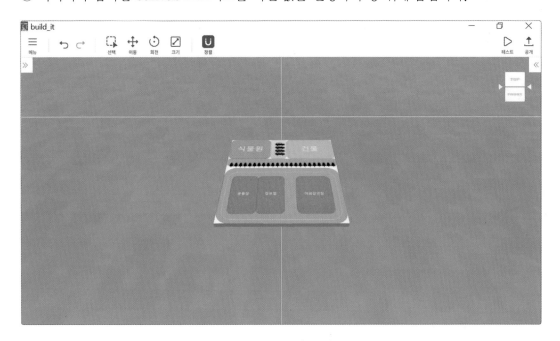

④ Top 뷰로 확인하며 크기를 조정합니다. 크기 X축과 Y축을 변경하여 가로세로가 지형을 모두 덮도록 설정합니다.

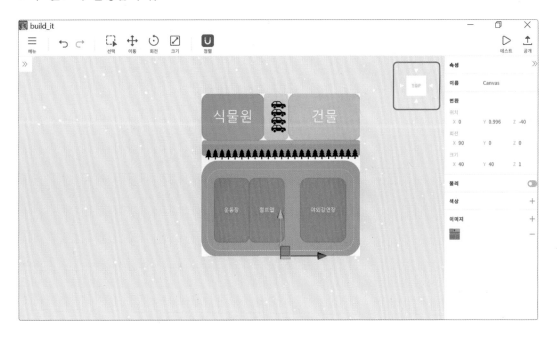

⑤ 바닥에 스케치를 깔아 놓은 상태에서 오브젝트를 놓기 시작합니다. 월드를 채워 가며 스케치를 그에 맞게 조금씩 변경하면서 적용하면 진행 상황에 따라 업데이트 현황도 파악할 수 있습니다.

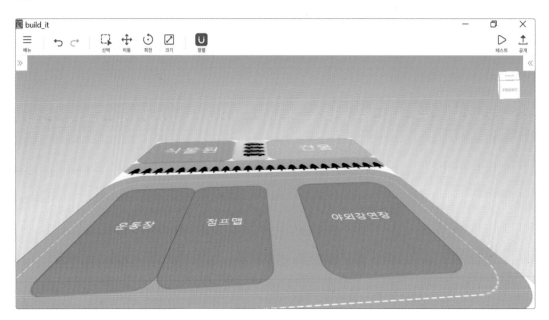

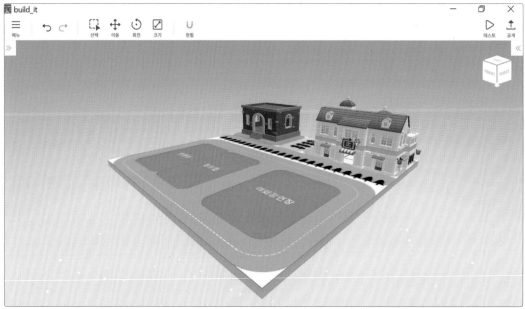

그래픽 편집 툴이나 문서 프로그램 등으로 작업하는 것보다 손그림으로 쓱 그려 가며 스케치를 하는 것이 더 편하다면 스케치한 그림을 그대로 사진으로 찍어 업로드하여 동일하게 사용할 수 있습니다. 소셜프로그의 교육팀 매니지먼트를 담당하는 @caticat님의 손 스케치 예시를 소개하도록 하겠습니다.

제페토 빌드잇 워크숍을 수강한 후 손그림으로 직접 월드의 구조를 구상한 스케치입니다. 이것을 항공샷으로 찍어 정사각형의 이미지 파일로 만듭니다.

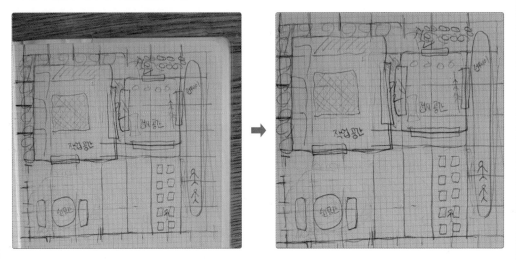

앞서 설명한 예시와 같이 Canvas 오브젝트에 이미지를 업로드하여 지형 위에 얹으면 밑그림으로 활용할 수 있습니다.

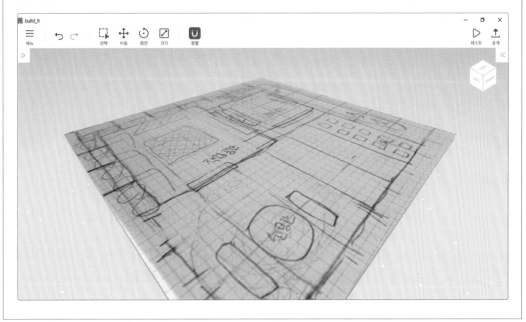

테마별 오브젝트 찾기

현재 제페토에서 제공되는 월드를 살펴보면 다양한 개성과 특징을 가지고 있습니다. 빌드 잇에서 제공되는 오브젝트들로만 만드는데도(ZEPETO KOREA에서 제작한 공식 맵 제외) 이렇게 다채로운 콘셉트를 구성할 수 있는 것은 그에 맞는 오브젝트를 잘 선택해서 만들었기 때문입니다.

제페토는 원하는 테마의 오브젝트를 일일이 찾을 필요 없이 분류해 놓은 기능이 있습니다. 좌측 [오브젝트] 탭에서 검색 영역 옆의 [All]을 클릭합니다. 총 25개의 테마로 나뉜 오브젝트들을 볼 수 있습니다.

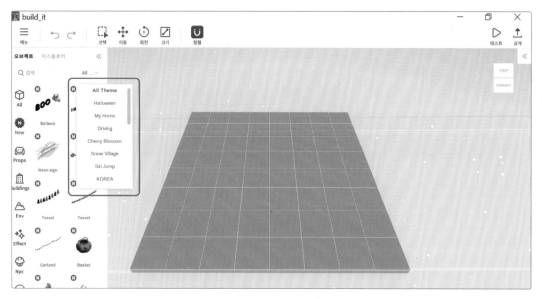

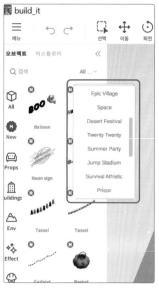

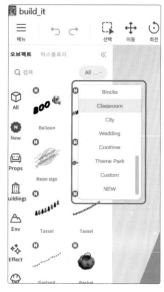

특히 추천하는 테마 2가지를 소개합니다.

01 KOREA 테마

테마 오브젝트 메뉴 중 [KOREA]를 선택합니다. 이 카테고리에는 한국적인 분위기를 연출할 수 있는 오브젝트들이 속해 있습니다. 해외 유저가 많은 제페토의 특성을 살려 한국 고유의 아름다운 건축물들을 구현해 메타버스 속에서 한국을 느껴볼 수 있는 경험을 제공하는 월드를 만들 수 있습니다.

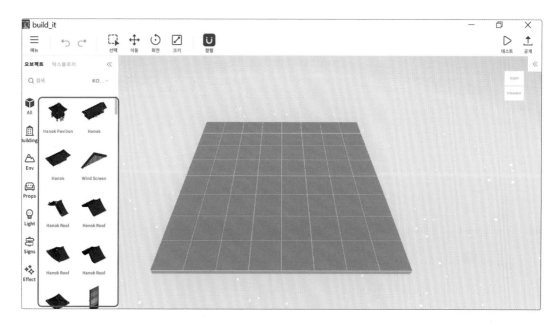

기본적인 한옥 건물의 오브젝트뿐만 아니라 한옥과 돌담을 만들 수 있는 재료 오브젝트도 다양하게 있습니다. 또한 장독대, 연꽃과 같은 소품 오브젝트도 포함되어 있습니다. 이러한 오브젝트들을 활용해 전주 한옥 마을과 같은 한옥 콘셉트의 장소도 얼마든지 구현할 수 있습니다.

02 Jump Stadium

제페토 월드에서는 아바타가 다양한 게임을 즐길 수 있습니다. 빌드잇으로 가장 쉽게 만들 수 있는 게임이 바로 점프 게임입니다. 아바타의 점프 기능을 활용하여 점프 맵을 만들 수 있는데, 테마 오브젝트 중 Jump Stadium에 속한 오브젝트들의 기능을 활용하면 게임의 난이도를 조절할 수 있어 점프 게임을 보다 다채롭게 경험할 수 있는 월드를 제작할 수 있습니다.

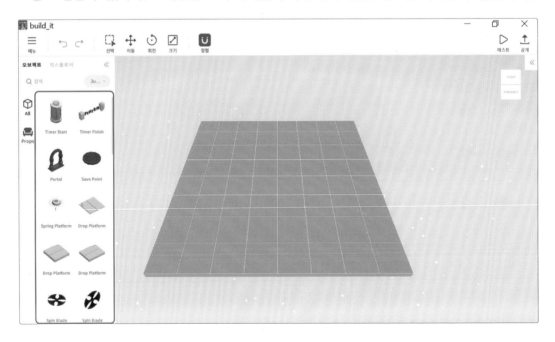

Jump Stadium에 속한 각각의 오브젝트의 기능과 특징

· Timer Start, Timer Finish

게임 시작 지점에 Timer Start를 두고 시작 전 터치하도록 한 후 게임이 끝나는 지점에 Timer Finish를 두면 타이머 기능을 사용할 수 있습니다.

· Portal, Save Point

게임 시작 지점에 Save Point를 밟고 지나가게 한 후 게임이 끝나는 지점에 Portal을 두면 아바타가 게임을 클리어한 후 Portal을 통해 Spawn(처음 월드에 입장한) 위치로 바로 이동할 수 있습니다. 보통 게임에 참여하고 끝나는 지점까지 도착하면 유저가 다시 월드를 이용하기 위해 다른 지점으로 이동해야 하는 불편함이 있습니다. 그러한 이동 시간을 줄여 주는 순간 이동 장치라 볼 수 있습니다.

· Spring Platform

아바타가 위에 올라서면 스프링 위에 서 있는 것처럼 통통 점프합니다.

· Drop Platform 3가지

아바타가 위에 올라서면 두 개의 판이 갈라지면서 떨어지게 됩니다. 플랫폼의 크기가 다르고 올라가면 금방 떨어뜨리거나, 약 3초의 시간 텀을 두고 떨어뜨립니다.

· Spin Blade

아바타가 부딪히면 Spawn 지역으로 되돌아갑니다. 한자리에서 돌아가거나 일정 거리를 움직이며 돌아갑니다.

· Fading Platform 12가지

일정 시간에 따라 사라졌다가 나타나는 플랫폼 오브젝트입니다. 총 12개의 플랫폼으로 각각 페이드되는 루틴이 다릅니다. 1번부터 12번까지 순서대로 놓을 경우 그 순서에 따라 사라지고 나타나는 패턴을 보입니다.

· Platform

기본 플랫폼 오브젝트입니다. 바닥이 아닌 공중에 띄워 놓아 아바타가 뛰어 올라설 수 있는 발판 역할을 합니다.

· Elevator Platform 6가지

각각의 패턴을 가지고 움직이는 플랫폼 오브젝트입니다. 각 오브젝트별로 다른 움직임을 지니고 있어 적절하게 배치하여 점프 맵의 난이도를 조절할 수 있습니다.

· Beam Gate 7가지

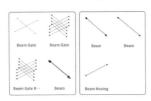

긴 막대 오브젝트에 닿으면 아바타가 Spawn 위치로 되돌아가므로 최대한 피해 가야 하는 방해 오브젝트입니다. 각각 회전과 움직임의 패턴이 다릅니다. 각 오브젝트의 특징을 살려 방해 아이템으로 활용하면 점프 맵의 난이도를 조정할 수 있습니다.

Check Point | **점프 높이를 설정하는 쉬운 방법은 없나요?**

다른 오브젝트들과 달리 점프 맵에서 디딤돌이 되는 플랫폼 오브젝트들은 땅 위(Y값: 0.996)가 아닌 공중에 띄워야 합니다. 높이 단차 또한 다르게 설정해야 하므로 각 플랫폼의 높이 차이도 신경 써야 합니다. 따라서 일일이 한 층씩 테스트 모드에서 점프 높이에 맞는지 확인하기보다는 '정렬' 기능을 켜 놓은 상태에서 플랫폼을 쌓도록 합니다. 정렬이 켜진 상태에서 플랫폼을 원하는 만큼 동일한 높이축(Y축)으로 나열한 후 한 칸씩 이동 기능으로 높여 줍니다. 이렇게 하면 올라갈 때마다 아바타가 1회 점프하는 기본 높이와 동일하게 놓입니다. 이런 방법으로 단차를 주면 아바타가 기본 점프를 하면 한 칸씩 올라갈 수 있는 난이도로 설정할 수 있습니다.

① 점프의 발판이 되는 플랫폼 오브젝트를 동일한 높이축(Y: 0.996)으로 깔고 가로축(X)은 −3∼3까지 1단위로 배열했습니다. 정렬 기능을 켜 놓은 상태에서 일정한 간격으로 놓을 수 있습니다.

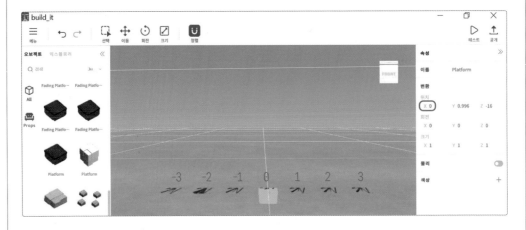

② 동일한 높이축을 1씩 높게 올려줍니다. 정렬 기능을 켠 채로 Y축을 이동해 주면 1씩 이동합니다.

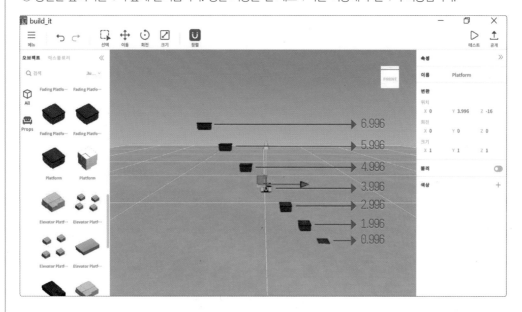

③ 테스트 모드에서 확인해 보면 아바타가 점프를 한 번(Space 누르기) 할 때 적용되는 거리와 높이의 기본 값으로 충분히 올라갈 수 있습니다.

가상 월드를 짓는 제페토 빌드잇 실습 워크숍

Step 01 – 제페토 빌드잇 설치와 살펴보기

Step 02 – 제페토 빌드잇 기초

Step 03 – 제페토 빌드잇 실전 1. 오브젝트 활용

Step 04 – 제페토 빌드잇 실전 2. 지형 및 월드 세팅

Step 05 – 제페토 빌드잇 실전 3. 기능 101% 활용법

Step 06 – 제페토 빌드잇 등록 및 공개

Lesson 27 월드 리뷰 신청 단계와 유의점
Lesson 28 단계별 체크 리스트

Bonus Step – 제페토 아이템 제작하여 판매하기

빌드잇에서 월드 제작이 완료되었다면, 제페토 앱을 통해 공개하여 플레이어들이 방문할 수 있습니다. 제페토 앱에 공개하기 위해서는 리뷰를 거쳐 승인이 되어야 합니다. 만약 승인이 되지 않고 반려될 경우 반려 요인에 따라 월드를 편집 및 수정하여 재리뷰를 신청할 수 있습니다. 리뷰 기간에는 편집이 되지 않으므로 맵 제작이 완전히 끝났는지 확인한 후 리뷰를 신청하세요.

Lesson 27 월드 리뷰 신청 단계와 유의점

월드를 제작한 후 리뷰 신청을 완료하기까지의 단계별 설명과 유의점을 알려드립니다.

01 리뷰 신청하기

① 공개하고자 하는 맵 편집 화면에서 우측 상단의 [공개] 아이콘을 클릭합니다.

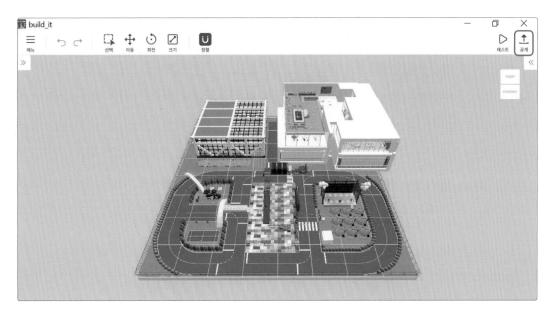

② 저장과 공개 여부를 묻는 팝업 창이 뜹니다. 확인을 클릭해 다음으로 넘어갑니다.

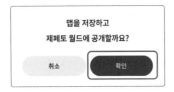

③ 리뷰와 공개를 위한 기본 사항을 입력할 수 있는 입력 창이 뜹니다. 각 항목을 빠짐없이 입력합니다.

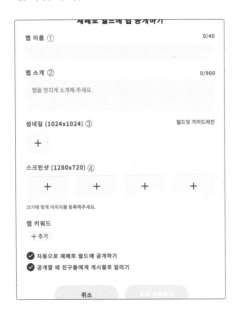

Check Point   '제페토 맵 공개하기' 항목 알아보기

① 맵 이름 : 공백 포함 40자 이내의 한글, 영문으로 입력합니다. 보통 검색을 통해 월드에 들어오므로 단순하면서도 명확한 이름을 정하도록 합니다. 특히, 기존에 이미 공개되어 있는 월드와 제목이 같을 경우 검색 결과에 함께 노출되기 쉬우므로 해당 검색어로 제페토 앱에서 어떻게 검색되는지 미리 체크해 본 후 맵 이름을 정하세요. 글로벌 이용자가 많은 플랫폼이므로 해외 유저 유입을 고려하고 있다면 맵 이름을 한글로 표기 후 괄호로 영문 표기하는 것을 권합니다.

② 맵 소개 : 공백 포함 900자 이내의 맵 소개글을 입력합니다. 맵에 들어가기 전 소개 페이지에 노출됩니다. 총 900자이지만 현재 UI상 3줄 정도만 노출되고 뒷부분은 '더보기' 링크를 눌러야 볼 수 있으므로 첫 3줄 정도에 총체적인 소개 내용이 드러날 수 있게 구성합니다.

③ 섬네일 : 정사각형의 맵 소개 이미지입니다. 보통 월드의 캡처 이미지에 제페토 아바타, 텍스트를 편집하여 구성합니다.

④ 스크린샷 : 지정된 크기의 스크린샷 이미지입니다. 월드에서 돋보이고 싶은 대표 장소를 캡처하거나 소개 이미지를 넣을 수 있습니다.

④ 섬네일의 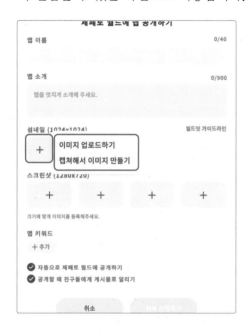 아이콘을 클릭하면 월드를 손쉽게 캡처하여 아바타와 텍스트 등을 추가하여 편집할 수 있는 화면으로 이동합니다.

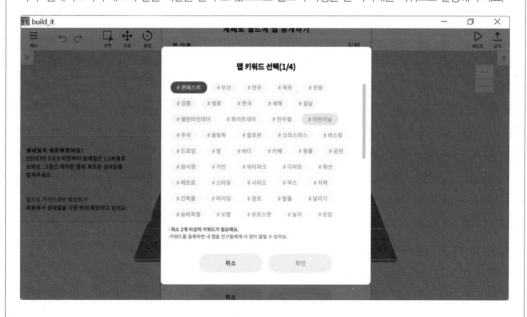

⑤ 맵 화면을 캡처할 수 있는 화면입니다. 프레임 안에 보이는 맵을 변경하기 위해서는 마우스 휠로 확대/축소하거나, 마우스 오른쪽 버튼을 클릭 또는 Space 를 누른 채 마우스 왼쪽 버튼을 클릭한 상태에서 움직이면 화면이 움직입니다. 원하는 각도로 월드를 멋지게 캡처해 보세요.

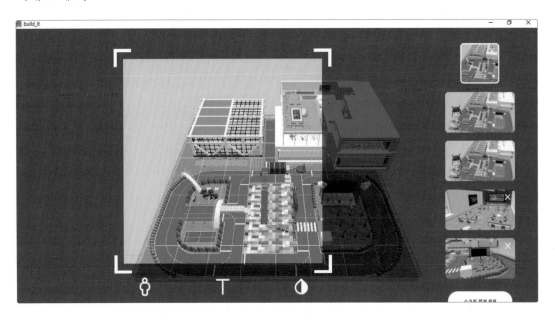

⑥ [캐릭터] 를 클릭하면 제페토 계정에 등록된 나의 아바타 사진이 다양한 포즈로 제공됩니다. 원하는 이미지를 넣어 위치와 크기를 조정한 후 넣을 수 있습니다.

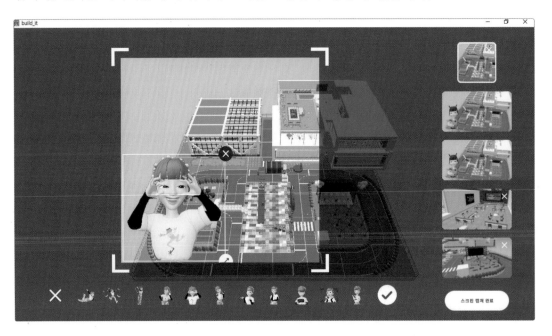

⑦ [텍스트] 를 클릭하면 원하는 텍스트를 입력할 수 있습니다. 텍스트의 색상은 물론 텍스트 배경 박스의 컬러도 지정할 수 있습니다.

Check Point **입력한 항목이 어디에서, 어떻게 보이나요?**

제페토 앱에서 해당 월드를 찾아 들어가기 위해 대표 이미지를 터치하면 월드를 소개하는 페이지가 나옵니다. 이 페이지에서 내용을 훑어본 후 [플레이] 버튼을 통해 입장하게 됩니다. 이처럼 맵 소개 페이지는 일종의 대문과 같은 역할을 합니다. 눈에 잘 띄는 이미지와 텍스트로 월드에 대한 매력도를 끌어올려 보도록 해요.

02 현황 파악하기

리뷰를 신청하면 결과가 나오기까지 시간이 걸립니다. 이 기간에는 수정, 편집이 불가능한 상태가 됩니다. 내가 만든 맵 리스트에서 '리뷰 중'이라는 아이콘이 함께 보여집니다. 리뷰가 끝나고 등록되어 공개가 완료된 경우 우측 상단에 온에어(ON-air) 상태를 나타내는 동그라미 아이콘이 붙어 있습니다.

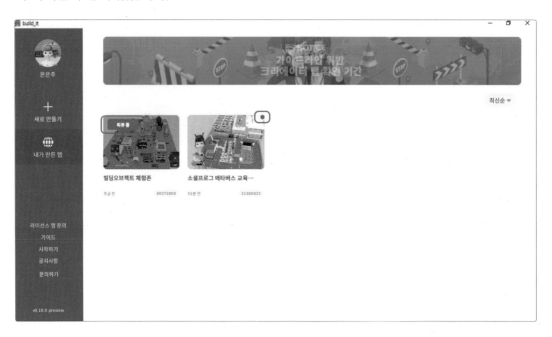

리뷰 중인 맵은 수정, 편집이 불가능하고 클릭하면 안내 팝업을 볼 수 있습니다.

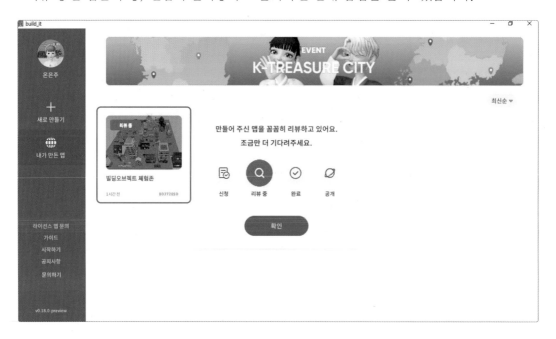

03 이미 등록된 맵 수정 신청하기

이미 등록된 맵의 편집 화면에서 우측 상단의 [공개] 아이콘을 클릭합니다. 이미 등록된 내용에서 수정 내용이 있다면 수정하여 다시 리뷰를 신청합니다.

04 빌드잇 가이드라인 살펴보기

빌드잇 가이드라인을 통과한 콘텐츠만 공개되므로 가이드라인 기준을 꼼꼼히 살펴야 무사히 통과할 수 있습니다. 최신 버전의 가이드라인은 리뷰 신청 페이지에서 링크를 클릭하여(제페토 스튜디오 홈페이지 https://studio.zepeto.me/kr/guides/buildit-guidelines) 확인할 수 있습니다.

빌드잇 섬네일 가이드라인

섬네일은 ZEPETO 사용자들이 맵에 방문하기 전, 맵에 대한 매력을 판단할 수 있는 이미지입니다.

DO IT! 섬네일은 아래와 같이 제작해야 합니다.

① 해상도 1024x1024pt(1:1) 사이즈의 섬네일

② 맵의 특징 또는 전경이 정돈된 텍스트(맵 이름)와 함께 활용된 섬네일

③ 맵의 분위기에 어울리는 캐릭터가 텍스트(맵 이름)와 함께 활용된 섬네일

DO NOT! 아래 항목에 해당되는 맞춤 섬네일은 심사 과정에서 거절될 수 있습니다.

④ 섬네일이 1024x1024pt(1:1) 사이즈에 맞지 않을 경우

⑤ PNG 이미지 형식의 투명 배경이 그대로 보이는 이미지

⑥ 전체 사이즈 대비 하늘 등 빈 영역이 많은 경우

⑦ 정돈되지 않은 텍스트가 삽입된 경우

⑧ 현저히 낮은 해상도의 섬네일이 출력되는 경우

⑨ PC 화면이나 메뉴 등이 함께 출력되는 경우

⑩ 맵과 무관한 내용을 표현하는 경우

빌드잇 리소스 가이드라인

맵을 구성하는 오브젝트, 스크린 샷 등 콘텐츠와 관련된 모든 리소스는 아래 항목에 해당되는 경우 심사 과정에서 거절될 수 있습니다.

① 완성도가 현저하게 떨어지는 리소스(예 오브젝트 개수 20개 이하)

② 오류 또는 특별한 이유 등으로 ZEPETO 서비스 내에서 정상적으로 출력되지 않는 리소스(예 많은 수의 오브젝트가 배치되었을 경우)

③ 테스트 목적으로 맵을 등록하는 경우

④ 커스텀 오브젝트에 삽입된 이미지에 영화, 게임, 방송 등 타 콘텐츠 및 브랜드를 직접 포함하거나 암시할 경우

⑤ 키워드와 상관이 없는 맵인 경우

※ 출처 : https://studio.zepeto.me/kr/guides/buildit-guidelines (2022년 2월 현재 제공)

Lesson 28   단계별 체크 리스트

빌드잇으로 월드를 제작하는 데 있어 도움이 될 만한 체크 사항을 알려 드립니다. 제작을 위한 프로세스를 5단계로 나누어 각 단계별 유의사항을 사전에 확인해 보세요.

(1) Reference

• 다양한 월드를 찾아보세요. 단지 찾아보는 것에서 끝나는 것이 아니라 찾아본 것들이 빌드잇을 통해 구현이 가능한지 체크해 보는 것이 더 중요합니다. 보통 제페토 코리아(공식 월드)에서 구현된 오브젝트나 상호작용 기능들이 빌드잇을 통해서는 불가능한 경우가 많습니다. 예를 들면 '롯데월드'의 놀이기구를 타는 기능이라든지 '스키점프'에서 스키점프를 할 수 있는 기능들은 빌드잇에서는 제공되지 않습니다. 따라서 많은 월드를 벤치마킹하되 빌드잇으로 구현이 가능한지, 불가능한지를 체크한 후 기획에 들어가야 합니다. 빌드잇으로 구현 가능 여부를 잘 모르겠다면 제페토 고객센터에 문의하면 답변을 들을 수 있습니다.

(2) Sketch

• 스케치 과정에서 월드를 구성할 때 각각의 공간 크기를 미리 체크하여야 합니다. 특히 실내 건물을 만들 때 건물의 실내 구조를 미리 생각하며 건물의 크기를 정해야 나중에 건물을 바닥부터 다시 짓는 최악의 상황을 피할 수 있습니다.

• 월드 편집 화면에서는 이리저리 시야를 변경할 수 있지만 플레이어의 입장에서는 아바타의 시야각에서 크게 벗어나지 못합니다. 그러므로 아바타가 서 있는 곳에서 주위를 바라보았을 때 크고 높은 오브젝트가 가까이 있으면 그 뒤에 공간은 눈에 잘 들어오지 않습니다. 따라서 플레이어의 이동 경로를 고려해 월드를 구성하여 크거나 높은 오브젝트로 아바타

의 시야를 답답하게 만들지 않도록 미리 생각하며 스케치하세요.

(3) Build

- NPC와 Spawn 오브젝트를 항상 근처에 두고 작업합니다. 지형에 넣은 오브젝트 수가 많아질수록 로딩 시간이 길어지고 오가는 길이 복잡해집니다. 자주 테스트 모드에 들어갈 필요 없이 크기를 가늠하기 위해서 NPC 오브젝트를 곳곳에 두어 제작하고 테스트 모드에 들어가더라도 이동 거리를 줄이기 위해 Spawn 오브젝트를 편집하는 곳에 두면 시간이 절약됩니다.

- 아바타가 드나드는 문은 아바타의 가로 2배, 세로는 1.5배 이상 크게 만들어 주세요. 아바타 조작에 익숙하지 않은 유저의 경우 문을 통과하는데도 어려움을 느낄 수 있습니다. 더불어 문턱의 높이도 바닥 높이가 같도록 조정하여 점프하지 않고도 걸어서 문을 통과할 수 있도록 해주세요. 문턱으로 인해 점프를 하는데 문 높이가 점프 높이보다 낮아 머리가 문에 걸리는 경우가 발생합니다.

- 건물이나 기타 건축물을 만들 때는 아바타 기준으로 실제 크기 차이보다 크게 만들어야 아바타가 원활히 이용할 수 있습니다. 예를 들어 실제 건물을 본 떠 제페토 월드에 건물을 만들더라도 아바타에 대비해 좀 더 크게 만들어야 아바타가 내부를 돌아다닐 때 시야가 넓고 활동하기가 용이합니다.

- 되도록 건물의 외벽은 유리로 투명하게 만드는 것을 강력 추천합니다. 소셜프로그 메타버스 교육센터의 경우 건물 대부분의 외벽을 유리 통창으로 만들었습니다. 건물 벽이 실제 벽으로 만들어졌을 경우 아바타가 실내에 들어가면 답답해 보입니다. 그리고 여러 유저들이 함께 이용할 때 유리창 너머로 서로 아바타 활동을 볼 수 있어 월드 이용에 재미를 줄 수 있습니다.

(4) Test & Registration

- 오브젝트의 잠금 기능과 숨김 기능([익스플로리] 탭에서 해딩 오브젝트의 🔒👁 아이콘 클릭)을 적극 활용합니다. 부분 수정을 할 경우 수정을 원하는 오브젝트만 변경하면 되는데, 고정되어 있어야 하는 오브젝트까지 같이 선택되어 작업이 지연되는 경우가 많습니다. 이럴 때 잠금 기능으로 고정되어 있어야 할 오브젝트(예 벽, 바닥과 같은 오브젝트)는 잠금

설정을 하고 다른 오브젝트들을 조정하면 더욱 효율적입니다. 또한 테스트 후 예상과 다른 부분들을 편집하기 위해 기존 오브젝트를 삭제하고 다시 만들어야 하는 경우가 있습니다. 그럴 때 삭제 기능보다는 숨김 기능을 이용해 잠시 보이지 않게 둔 후 새로운 오브젝트를 설치하여 두 가지 버전을 비교한 후 삭제합니다.

- 최종 테스트에는 시야를 마우스로 조정하지 말고 아바타의 바로 머리 뒤에 두어 조종하며 월드를 누빕니다. 제페토 앱에서 플레이어가 움직일 때는 아바타를 통해 움직이고 시야각을 그리 크게 주지 않으므로 되도록 제페토 앱에서 플레이하는 것과 같은 환경에서 월드가 어떻게 보이는지 체크합니다.

(5) Rebuild

- 정기적 업데이트 주기를 정해서 업데이트하세요. 이용하다 보면 수정해야 하는 부분들이 발견됩니다. 그때그때 수정하기보다는 버전을 정해 일정한 주기로 수정하여 업데이트합니다.

가상 월드를 짓는 제페토 빌드잇 실습 워크숍

Step 01 - 제페토 빌드잇 설치와 살펴보기

⬇

Step 02 - 제페토 빌드잇 기초

⬇

Step 03 - 제페토 빌드잇 실전 1. 오브젝트 활용

⬇

Step 04 - 제페토 빌드잇 실전 2. 지형 및 월드 세팅

⬇

Step 05 - 제페토 빌드잇 실전 3. 기능 101% 활용법

⬇

Step 06 - 제페토 빌드잇 등록 및 공개

⬇

Bonus Step - 제페토 아이템 제작하여 판매하기

Bonus Lesson 1 아이템 제작하기
Bonus Lesson 2 아이템 등록과 관리가 가능한 제페토 스튜디오

　제페토에서 크리에이터로 활동하며 수익을 얻는 유명 크리에이터 사례를 접해본 적이 있을 것입니다. 빌드잇으로 제작한 월드를 통해서는 아직까지 수익 모델이 없는 상황입니다. 이 아쉬움을 덜어 보고자 수익을 얻을 수 있는 아이템 제작과 판매에 대해서 알아보겠습니다.

제페토 아이템 제작 프로세스와 유의점

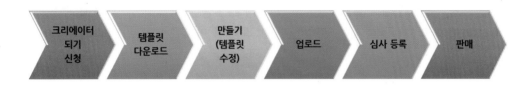

- 제페토에서 아바타가 착용하는 모든 부위의 아이템을 제작할 수 있습니다.
- '크리에이터 되기'를 신청 완료한 제페토 유저는 누구나 아이템을 제작하여 판매할 수 있습니다.
- 아이템도 월드와 같이 심사 제출을 통해 승인되어야 판매가 가능합니다.
- PSD 형식의 파일을 수정하고 저장할 수 있는 그래픽 편집 프로그램이 필요합니다.
  　(예) 포토샵, 프로크리에이트 등

3D와 2D 아이템의 차이

항목	3D 모델러	2D 템플릿
방법	모델링이나 리깅 등의 3D 작업	템플릿 파일에 포함된 텍스처 파일 수정
정의	아이템 제작	아이템 커스터마이징
제작 범위	다양한 디자인 제작 가능	기존 템플릿에서 색상/무늬/질감 변경
심사 제출	개수 제한 없음	동시 심사 최대 3개까지 가능

　3D 모델러 방법으로 아이템을 제작할 경우 다양한 디자인과 효과가 가능합니다. 하지만 제작을 위해 3D 모델링이나 리깅이 가능한 프로그램을 써야 하기 때문에 학습이 많이 필요합니다. 여기에서는 2D 템플릿을 이용해 커스터마이징하여 색상/무늬/질감 등을 변경하고 텍스트를 넣을 수 있는 실습 방법을 소개하도록 하겠습니다.

대표적으로 언급된 그래픽 편집 프로그램은 유료 프로그램이므로 가볍게 따라 할 수 있도록 무료 어플리케이션인 이비스 페인트 X를 통해 제작 실습 예제를 설명합니다. 모바일 기기를 들고 실습 예제를 따라 아이템을 제작해 보고 더 다양하게 응용하고 싶다면 포토샵과 프로크리에이트와 같은 전문 그래픽 편집 프로그램을 활용해 보세요.

Bonus Lesson 1 아이템 제작하기

01 제페토 앱에서 '크리에이터 되기' 신청하기

아이템을 제작하여 판매하기 위해서는 크리에이터 되기를 신청해야 합니다. 제페토 앱에서 간단히 크리에이터 자격을 신청할 수 있습니다. 모바일 기기로 제페토 앱을 실행하여 아래 예제를 따라 해 보세요.

① 제페토 앱에서 가입을 완료했다면 하단의 메뉴 중 [프로필]을 터치한 후 [설정]을 터치합니다. 설정 메뉴에서 [크리에이터 되기]를 터치하면 크리에이터로 등록할 수 있습니다. 참고로 이 과정은 가입 후 1회만 하면 되며, 이후부터는 별도의 등록 과정이 필요 없습니다.

② 이름과 국가, 이메일, 전화번호 (인증 필요)를 입력하면 크리에이터로 등록이 완료됩니다.

③ 아이템을 만들 수 있는 템플릿 파일을 다운로드받을 수 있는 페이지가 열립니다. 원하는 아이템 디자인을 선택한 후 터치합니다. 템플릿을 다운로드받을 수 있는 페이지로 연결됩니다.

02 제작할 아이템 선택하고 템플릿 다운로드받기

이 책에서는 다음 이미지와 같이 아바타가 입는 상의 아이템에 원하는 글자와 이미지, 무늬를 넣는 실습을 통해 제작 방법을 설명합니다.

아이템 카테고리에서 [상의]를 터치한 후 원하는 상의 아이템을 선택합니다. 상세 페이지가 나타나면 하단의 [편집]을 터치합니다. 이후 편집 메뉴 중 [템플릿 다운로드]를 터치합니다. 자신의 핸드폰 사진첩에 의상 템플릿이 다운로드된 것을 확인하세요.

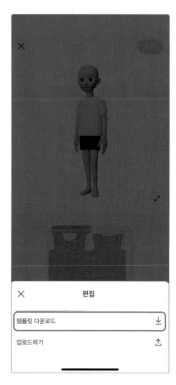

03 템플릿 수정(디자인)하기

이제 이비스 페인트 X 앱을 사용합니다. 이 앱은 Android OS, iOS 모두 무료로 이용 가능합니다. 이비스 페인트 X를 설치한 후 실행해 보세요. 참고로 이비스 페인트는 유료와 무료앱이 각각 존재하니 무료 버전을 다운로드하도록 합니다.

① 이비스 페인트 앱을 실행한 후 [나의 갤러리]를 터치합니다. 좌측 하단의 [+] 버튼을 터치하여 새 캔버스를 불러옵니다. [사진 가져오기]에서 핸드폰에 저장한 템플릿 이미지를 선택하여 가져옵니다.

② 선 드로잉 추출 여부 팝업 창이 뜨면 [OK]를 터치합니다. 참고로 다른 이미지를 불러오기할 경우에는 선 드로잉 추출을 추천하지 않습니다. [녹색] 체크 버튼을 터치하면 이미지를 가져옵니다. [레이어 관리] 메뉴를 터치합니다.

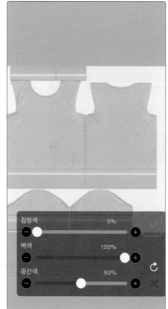
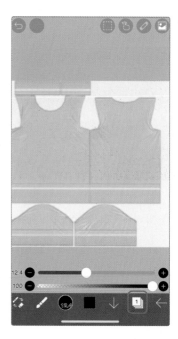

③ [+] 버튼을 터치해 새 레이어를 추가합니다. 이후 우측 상단의 [그림] 아이콘을 터치합니다.

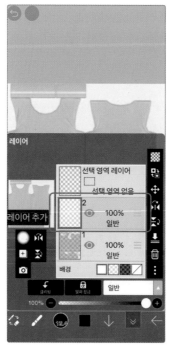
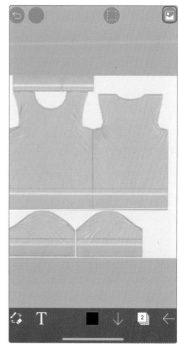

04 템플릿에 패턴 씌우기

① 다양한 무료 패턴 이미지가 제공됩니다. 제공되는 이미지 카테고리 중 원하는 카테고리를 선택합니다. 카테고리 목록에서 옷에 적용할 패턴 이미지를 선택합니다. 취향에 따라 변형, 왜곡 등의 효과를 적용한 후 [녹색] 버튼을 눌러 이미지 사용을 승인합니다.

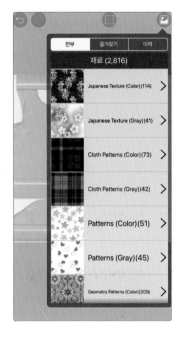  

② 이미지가 전체를 감싸서 옷 패턴 이미지가 보이지 않습니다. 이 상태에서 등록해도 되지만, 수정을 쉽게 하기 위해 레이어 순서를 바꾸겠습니다. [레이어 관리] 버튼을 터치합니다. 레이어 창 우측 3개의 막대기 아이콘을 누른 채 아래로 내리면 레이어의 순서가 바뀝니다. 패턴 이미지 위로 옷 패턴이 보입니다.

 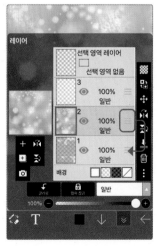 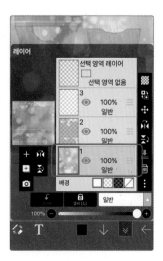

05 글자 입력, 그리기

① 좌측 하단의 [T] 버튼을 터치하면 입력 소스를 선택할 수 있습니다. [문자] 아이콘을 터치합니다. 텍스트 입력을 원하는 위치에 터치하면 텍스트 입력 창이 뜹니다. 원하는 텍스트를 입력한 후 서체, 정렬, 크기 등을 변경합니다.

② [레이어 관리] 메뉴에서 레이어를 하나 더 추가합니다. 이 레이어에 그리기 기능을 사용해 글씨를 써 넣도록 하겠습니다. 글 이외 간단한 그림을 그려도 좋습니다. [브러시] 아이콘을 터치한 후 원하는 브러시를 선택합니다.

  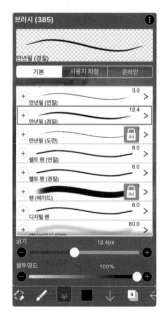

③ 브러시 기능으로 원하는 그림 또는 글자를 그려 넣습니다. 작업이 끝나면 우측 하단의 [화살표] 아이콘을 터치합니다. [PNG로 저장하기]를 터치하면 수정한 템플릿이 핸드폰 사진첩에 저장됩니다.

06 수정한 템플릿 등록하기

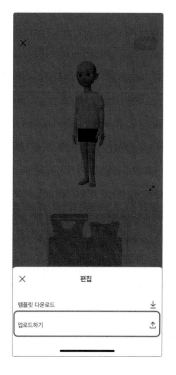

① 제페토 앱으로 돌아옵니다. 템플릿을 다운로드받았던 페이지에서 [업로드하기]를 선택하면 파일을 업로드할 수 있습니다. [사진 보관함]에 저장되어 있는 템플릿 파일을 선택합니다.

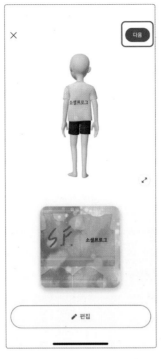

② 제작한 템플릿 파일의 업로드가 정상적으로 되면 아바타가 옷을 입고 있습니다. [화살표] 아이콘을 터치하면 옆모습, 뒷모습의 착장 상태를 확인할 수 있습니다. 원하는 대로 제작이 되었는지 아바타를 돌려가며 확인한 후 [다음] 아이콘을 터치합니다.

③ 수정한 템플릿이 처리중이라는 메시지가 뜹니다. 처리중 메시지가 오랫동안 지속되어 완료 메시지가 뜨지 않는 경우가 많으니 끝까지 기다릴 필요 없이 우측 상단의 [저장] 버튼을 터치하여 저장 메시지를 확인합니다.

07 만든 아이템 확인하기-모바일

① 저장된 아이템은 '내 아이템' 메뉴에서 확인 가능합니다. 첫 화면의 [크리에이터 되기]를 터치한 다음 아이템 템플릿 선택 리스트 페이지에서 [내 아이템]을 터치합니다. 앞서 제작한 아이템을 터치합니다.

② 심사에 필요한 항목을 작성하는 페이지가 나타납니다. 각 항목을 입력한 후 내용을 [저장]합니다. [제출하기] 버튼을 터치해 심사를 신청합니다.

01 제페토 스튜디오 접속하기

내가 만든 아이템을 관리하고 현황을 파악하려면 제페토 스튜디오 홈페이지를 이용해야 합니다. 제페토 스튜디오 홈페이지는 컴퓨터에서 접속하세요.

① 검색 사이트에 '제페토 스튜디오'를 검색하거나 인터넷 창에 https://studio.zepeto.me/를 입력하여 '제페토 스튜디오' 사이트에 접속합니다. 제페토 스튜디오는 여러분이 등록한 콘텐츠(아이템, 월드, 라이브, 빌드잇)의 이용 안내와 관리를 할 수 있는 사이트입니다. 우측 상단의 [콘텐츠 관리]를 클릭하면 아이템을 관리할 수 있는 페이지로 이동합니다.

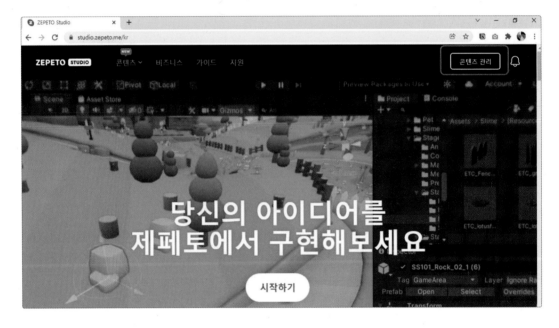

② 로그인 정보를 입력한 후 [로그인]합니다.

02 내가 만든 콘텐츠 현황 관리와 설정 변경

내가 만든 콘텐츠를 확인할 수 있는 리스트 페이지입니다. 원하는 아이템을 수정(심사 승인 전)하거나 이미 승인되어 공개된 아이템을 감출 수 있는 비활성화를 설정할 수 있습니다. 새롭게 아이템을 제작하여 등록하는 과정도 진행 가능합니다. 모바일 기기로 작업하지 않고 컴퓨터로 작동되는 그래픽 프로그램으로 템플릿을 제작할 경우 좌측 상단의 [+만들기] 버튼을 클릭하여 템플릿을 다운로드받고 등록할 수 있습니다.

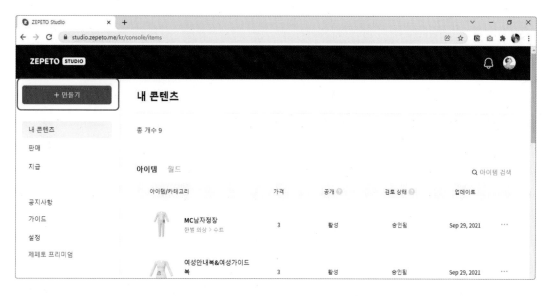

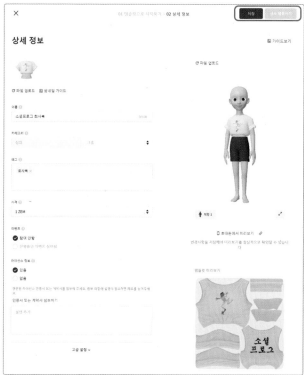

또한 등록한 아이템의 상세 정보를 입력할 수 있으며 [저장]한 후 [심사 제출하기]를 할 수 있습니다.

아이템 심사 가이드를 살펴보면 자신이 창작했거나 사용 승인을 받은 콘텐츠만 업로드할 수 있습니다. 즉, 타인의 저작물 혹은 등록상표를 사용할 경우 심사가 거절될 수 있습니다. 따라서 우리 회사 브랜드 로고를 사용한다거나 저작물, 초상권 등을 사용할 경우 사용권이 있어야만 심사가 원활하게 진행됩니다.

내가 등록하고자 하는 아이템에 저작권, 초상권, 상표권에 해당하는 항목(브랜드 로고, 브랜드 이름 등)이 있다면 소유권을 증명할 수 있는 문서를 함께 첨부하여 심사 신청하는 것을 권합니다. '라이선스 정보' 항목에서 '있음'에 체크하여 관련 인증서 또는 계약서를 첨부하면 됩니다.

03 제페토 스튜디오 메뉴별 이용 안내

· **내 콘텐츠**: 내가 등록한 아이템의 현황을 확인할 수 있고 삭제 또는 비활성화 설정을 할 수 있는 리스트 페이지입니다.

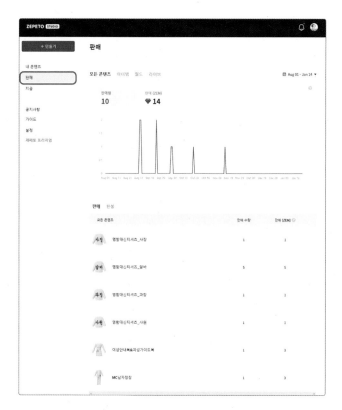

• **판매:** 내가 등록한 아이템의 판매 현황을 확인할 수 있습니다. 아이템별, 기간별 통계를 확인할 수 있습니다.

• **지급:** 아이템을 판매하면 '젬'이라는 제페토의 재화를 지급받게 됩니다. 최소 지급 요청액은 5,000젬이며, 아이템이 판매된 날로부터 최소 14일이 지난 수익에 대해 지급 요청이 가능합니다. 5,000젬당 약 106USD의 환율로 산정(2022년 2월 기준)되어 지급됩니다. 환율은 변동될 수 있습니다.

포토샵이나 프로크리에이트와 같은 그래픽 프로그램을 다룰 줄 안다면 더 다양하게 수정할 수 있지만, 그렇지 않은 분들을 위해 '이비스 페인트 X'라는 무료 앱을 이용해 템플릿을 수정하여 등록하는 과정을 안내해 드렸습니다. 특별한 그래픽 편집 기술이 없더라도, 그래픽 프로그램을 잘 다루지 못하더라도 예시만 따라 하면 충분히 여러분들의 아이템을 만들 수 있습니다.

일반 직장인, 대학생을 대상으로 하는 '메타버스 제작 워크숍'에 참여하신 수강생 여러분들이 실습을 따라 하여 10여 분 만에 뚝딱 만든 아이템을 소개합니다. 처음 만들어본 분들이었지만 이비스 페인트 X 앱으로 나름대로의 아이디어와 감각을 발휘하여 다양한 결과물을 만들어 냈습니다. 이 책을 보는 여러분들도 얼마든지 할 수 있답니다.

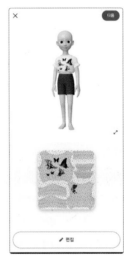

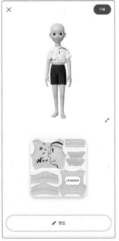

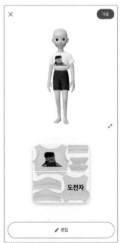

우리 모두 메타버스 크리에이터

1판 1쇄 발행 2022년 6월 7일

저　자 | 김현희, 온은주
발행인 | 김길수
발행처 | 영진닷컴
주　소 | (우)08507 서울특별시 금천구 가산디지털1로 128
　　　　 STX-V타워 4층 401호
등　록 | 2007. 4. 27. 제16-4189호

ⓒ 2022. (주)영진닷컴
ISBN | 978-89-314-6618-8

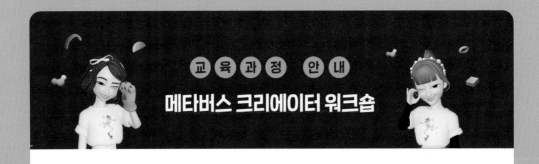

➕ 교육 특징 3가지

1. 누구나 쉽게 따라 할 수 있는 실습을 통해 메타버스 크리에이터로 첫발을 뗄 수 있도록 돕는 교육
2. 기업과 브랜드에 활용할 수 있는 공간 기획 설계부터 시작하는 교육
3. 제페토 빌드잇을 활용하여 내 사무실, 내 카페 등을 제페토 내에 직접 만들어보는 실전 수업

메타버스 크리에이터 기업 활용 입문 과정 (2시간)	메타버스 크리에이터란 무엇이고 쉽게 접근할 수 있는 제페토 빌드 잇 제작 툴을 소개/활용할 수 있는 방법과 공간 설계를 위한 기획/ 아이디어 워크숍을 진행하는 수업 ・**주요 내용:** 메타버스 생태계 이해하기, 맵 제작 에디터 소개 및 　　　　　크리에이터 이코노미 이해하기, 기업 활용 사례 심층 　　　　　분석 ・**참여 대상:** 메타버스에 관심 있는 누구나 ・**교육 방법:** 온라인/오프라인/하이브리드 선택 가능
메타버스 크리에이터 따라하기 실전 수업 (8시간)	메타버스 크리에이터란 무엇이고 쉽게 접근할 수 있는 제페토 빌드 잇 제작 툴을 소개/활용할 수 있는 방법과 공간 설계를 위한 기획/ 아이디어 워크숍을 진행하는 심층 수업 ・**주요 내용:** 메타버스 생태계 이해하기, 맵 제작 에디터 소개 및 　　　　　크리에이터 이코노미 이해하기, 기업 활용 사례 심층 　　　　　분석 ・**주요 실습:** 1. 내 사무실 만들기 2. 내 카페 만들기 　　　　　3. 브랜드존 만들기 4. 기업연수원 만들기 　　　　　5. 아바타 초대 행사 진행하기 ・**참여 대상:** 실제로 제페토 월드를 구축하고 싶은 자 ・**교육 방법:** 온라인/오프라인/하이브리드 선택 가능

➕ 메타버스 크리에이터 기업 출강 문의(저자 강연)

・**교육 기관:** 메타버스 아카데미, ㈜소셜프로그
・**주요 강사:** 온은주, 김현희
・**문의 방법:** 이메일로 교육 요청 사항을 보내 주시면 친절하게 회신 드립니다.
・**이메일:** socialfrog@naver.com
・**홈페이지:** www.socialfrog.co.kr